自治体職員のための

［改訂版］

情報公開事務ハンドブック

名古屋学院大学教授
松村 享 著

JN098449

第一法規

はじめに

わが国における情報公開制度の歴史は、１９８２年山形県金山町が全国の自治体で初めて情報公開制度について規定した「公文書公開条例」から始まりました。情報公開制度はすでに30年以上経過をし、自治体の行政運営においても定着したといえます。自治体職員にとっても、情報公開は日常的な事務になったといっても過言ではありません。しかし、多くの自治体職員はルーティンに従って公開決定等の処理をしているのみで、その制度趣旨などを深く考えていないというのが実情ではないでしょうか。

そのひとつの原因は、情報公開条例も含めた様々な法制度は難しいという意識を自治体職員の多くが有しているために深く理解しようとしないことにあると思います。条例や法律というだけで、苦手意識を感じてしまう職員も少なくありません。また、一方では「情報公開制度なんて、煩雑なだけで、こんな制度がなければ、もっと自由に仕事ができるのに」とか「情報公開請求のせいで仕事が増えて嫌になるよ」などと、情報公開制度に対してネガティブな印象を抱いている職員も少なくありません。

法律が苦手、あるいは情報公開制度なんてない方がいいと思っている職員にこそ本書を読んでいただきたいと思います。

自治体職員の多くが法律や条例を難しいと感じるのは、法律用語が難しいことがその理由のひとつだと思います。そこで本書では、できる限り難しい法律用語は使わずに解説をすることを心がけました。また、情報公開制度についてネガティブな印象を感じているのは、情報公開制度の趣旨や意義を理解できていないことが原因のひとつだと思います。情報公開制度の法的根拠や背景を理解した上で情報公開の事務に当たれば、その印象も変わるのではないでしょうか。

こうした思いから、私は、自治体職員向けの情報公開制度の入門書の必要性を強く感じていました。しかし、そのような書籍は、ありそうでないのです。もちろん、宇賀克也先生や松井茂記先生の著書など情報公開制度に関する素晴らしい学術書はあります。また、多くの自治体では、職員向けの情報公開の手引きやマニュアルなどを作成しており、こうした手引き等は情報公開の実務においては不可欠のものといえます。ただ、それらの書籍や手引き等は、学術的すぎる、あるいは事務手続の解説にとどまっているといえます。

そこで、特に私が本書の中で留意したのが、制度の趣旨から解説をすることです。様々な法制度は、もちろん制度趣旨があって定められています。制度趣旨を踏まえた上で、法律や制度を学ぶことによって、その理解が飛躍的に進みます。これは私が、大学院、大学、自治体で講義を行う中で感じてきたことです。

もう一点留意したのが、できるだけ判例を取り入れて解説をしたことです。情報公開に関して争訟が提起された場合には、最終的に裁判所の判断に従う必要があるため、実務上も判例の理解が不可欠なのです。また、判例を取り入れることで、単に法理論的な解説にとどまらず、具体的に事案をイメージでき理解が進むはずです。

この本をお読みいただいた皆さんが、情報公開制度に対して積極的な姿勢を持って、制度を適正に運用していただくことを心から願っています。

著　者

改訂版　はじめに

２０１６年、地方自治体職員向けの情報公開制度及び個人情報保護制度の解説書として本書の初版を上梓いたしました。以来、この分野では数少ない自治体職員向けの解説書として、多くの読者にも恵まれました。しかし、上梓の後、６年余りを経過し改訂を行う必要も生じてきました。

改訂版では、より自治体職員の実務に資するものとするために、主に以下の内容について記述を改めています。

①新たな判例・裁判例、答申を踏まえて記述しました。特に自治体実務において必要なものを中心に取り入れています。

②ＩＣＴの進展、電子機器の進化を踏まえた自治体の対応などについてより詳しく記述しました。

③個人情報保護制度については、現在は各自治体の個人情報保護条例により規律されていますが、個人情報保護法が改正され、今後、国及び各自治体の個人情報保護制度も同法

により規律されることになります。そのため、個人情報保護制度の部分については全面的に見直し、新たな個人情報保護制度の基本となる行政機関個人情報保護法の規定を踏まえた解説を行いました。

④著者が、初版出版から改訂版出版までの間に、実務家から研究者に転職したこともあり、改訂版においてはより多くの点で著者自身の見解を示しました。

わが国における情報公開制度をスタートさせた、山形県金山町の公文書公開条例が制定されてから、ほぼ40年の年月が経とうとしています。情報公開制度も定着し、全国の自治体においても特別のものではなく通常の業務の一環として行われるようになっています。さらに個人情報保護制度に関しても、個人情報保護法制が改正され施行が控えており、大きな変化が訪れようとしています。

このように情報公開制度や個人情報保護制度に関する状況は、日々、変化を遂げていますが、自治体職員にとって、情報公開、個人情報保護の両制度を適正に運用することの重要性はまったく変わりがありません。

本書が、一人でも多くの自治体職員にお読みいただき、制度の適正な運営を行っていただくことを心から願っております。地方自治体における情報保護制度、個人情報保護制度の適正な運用の一助となれば幸いです。

著者

自治体職員のための情報公開事務ハンドブック　改訂版　目次

〔凡例〕

◆判決略語

最高裁判所判決　→　最判

○○高等裁判所判決　→　○○高判

○○地方裁判所判決　→　○○地判

◆判例集略語

最高裁判所民事判例集　→　民集

判例時報　→　判時

判例タイムズ　→　判タ

判例地方自治　→　判例自治

訟務月報　→　訟月

最高裁判所裁判集民事　→　裁判集民

下級裁判所民事裁判例集　→　下級民集

情報公開・個人情報保護関係答申・判決データベース　→　答申・判決データベース

第1章

情報公開制度の基礎

1　情報公開制度の歴史

「情報公開」は今ではもう当たり前になっていますが、かつての行政機関は住民から隔絶した存在で、行政機関の情報に住民が近寄ることは考えられてもいませんでした。しかし、１９８２年3月に山形県金山町が全国の自治体で初めて情報公開制度について規定した「公文書公開条例」を制定し、住民は行政機関の情報を入手することが可能になりました。さらに、都道府県では、１９９２年10月に神奈川県が「公文書の公開に関する条例」を制定したのを受けて、全国の自治体で情報公開条例が制定され、「開かれた行政」が推進されることになりました（図表1―1）。国においてはこうした自治体の動きより遅れて１９９９年5月14日に「行政機関の保有する情報の公開に関する法律」（以下「情報公開法」といいます。）を制定しています。

このように情報公開制度は、自治体の方が国より先行してスタートしました。ただし、現在では、情報公開法25条に「地方公共団体は、この法律の趣旨にのっとり、その保有する情報の公開に関し必要な施策を策定し、及びこれを実施するよう努めなければならな

図表１―１　情報公開条例制定により開かれた行政へ

い」と規定されているため、自治体の情報公開条例はこの規定を踏まえて制定されていることになります。

この情報公開条例の制定を受けて、全国の自治体の行政運営についての状況が住民の眼前にさらされるようになり、自治体が国の官僚などを接待するいわゆる「官官接待」や出張していないのにもかかわらず出張を装って裏金を作るなどという「カラ出張」等、自治体や国の様々な問題が明らかになりました。そして、情報公開で得た情報を使って、住民が住民監査請求・住民訴訟等を提起して、自治体の不正を是正することができるようになったのです。

コンピュータの発達などによって情報化社会が進展する中で、自治体が膨大な量の情報を保有するようになっています。また、一方では行政運営に様々な形で住民が参画するようになっています。こうした中で、不正の防止や是正のみならず、住民参加の充実のため行政機関が保有する様々な情報を住民に提供する必要性も高まってきています。政府の行為を公開して国民が監視できるようにしておくことは、国民主権や民主主義の原理に基礎をおく憲法の基本的要請でもあります。

自治体における情報公開の必要性については、さらに住民自治の視点を重視すべきです。

憲法92条では「地方公共団体の組織及び運営に関する事項は、地方自治の本旨に基いて、法律でこれを定める」と規定し、自治体の組織、運営については「地方自治の本旨」に基づく旨を定めています。この「地方自治の本旨」は、地方自治はその地域社会の住民の意思によって行われるべきという概念である「住民自治」と、地方自治は国（中央政府）から独立した地域社会における自らの団体（地方公共団体）によって行われるべきという概念である「団体自治」から成り立つものとされています。

特にこの住民自治の充実を図るためには、情報公開制度は不可欠の制度と考えられます。地方自治制度においては、住民の代表として選ばれた議員や首長が行政運営を担うという代表（間接）民主制が原則とされていますが、直接請求、住民監査請求、住民訴訟等、住民が直接的に自治体の行政運営に参加するための制度も多く設けられています。この点、直接民主制の制度を限定的にしか認めていない国の行政運営のシステムとは異なります（ちなみに、現在、憲法上設けられている国における直接民主制の制度としては、最高裁裁判官の国民審査、憲法改正の国民投票、地方自治特別法の住民投票の３つであるとされています）。このように直接民主制に重点をおく地方自治制度をより実効あるものとして機能させるためには、住民が行政運営に関する情報を幅広く把握することが重要なのです。

さらに、情報公開制度を考えるに当たって、近年、重要性が増している「住民参加と協働」の視点も重要です。地方分権の目的と理念は、「身のまわりの課題に関する地域住民の自己決定の拡充、すなわち性別・年齢・職業の違いを越えた、あらゆる階層の住民の共同参画による民主主義の実現を意味する」（「地方分権推進委員会中間報告」1章Ⅱ2）とされていますが、住民が自らの意思に基づき適正に参画するためにも、住民が自治体の様々な情報を把握することを保障しておかなければならないのです。

2 情報公開制度と知る権利

「知る権利」という言葉は近年広く使われるようになっており、すでに多くの自治体で、情報公開条例の目的に「知る権利」を規定しています。ただ、情報公開法では、その目的に「知る権利」は位置付けられていません。情報公開法の制定過程では、この「知る権利」を明記するかどうかについて議論が重ねられました。結果的に、「『知る権利』という概念については、多くの理解の仕方があるのが現状である」ことや「最高裁判所の判例においては、請求権的な権利としての『知る権利』は認知されるに至っていない」（「情報公開法要綱案の考え方」（平成8年12月16日））ことなどから、「知る権利」が明文で規定されることはありませんでした。そして、その段階では、「情報公開法制の整備で日本に先行する各国において、情報公開法制の目的がアカウンタビリティの確保にあること、他方、主権者たる国民とその信託を受けた政府との基本的関係を律するこの観念が日本で必ずしも自覚的に取り上げられてこなかったことを背景に、『説明する責務』が目的規定の中に入れられることになった」のです（塩野宏『行政法Ⅰ（第六版）』（有斐閣、２０１５年）３５７頁）。

ところで、「知る権利」ですが、いったいどのような権利なのでしょうか。「知る権利」とは国民が自由に情報を受け取り、又は国家や自治体に対し情報の公開を請求する権利とされていて、その法的な根拠としては、一般的に憲法21条（表現の自由）から導き出されると考えられています。この「知る権利」は2つの面からとらえられています。「個人が言論活動を通じて自己の人格を発展させるという、個人的な価値（自己実現の価値）」を支える目的と「言論活動によって国民が政治的意思決定に関与するという、民主政に資する社会的な価値（自己統治の価値）」を支える目的の2つの価値を持つものと考えられています。少し難しいですね。かみくだいて説明することにしましょう。前者の自己実現とは、自分を高めるために様々なことを見たり知ったりすることです。その意味で、個人的な価値といえます。一方、後者の自己統治とは、住民、国民が主権者として政治に参加するために様々な情報を取得するというものです。その意味で、民主政に資する社会的な価値といえます。

次に「知る権利」の憲法上の位置付けを考えてみましょう。憲法では、人権として、自由権、社会権、参政権を保障していますが、「知る権利」はどのような権利と考えるべきなのでしょうか。

先ほども説明したように「知る権利」は、「表現の自由」のひとつの側面として説明されています。「表現の自由」の最も基本的な性質は、思想・情報を発表して伝達する権利です。簡単にいうと「言いたいことを言う」、「伝えたいことを伝える」権利です。この「表現の自由」は、さらに「情報を受け取る権利」（情報受領権）と、「情報の提供を求める権利」（情報収集権）を含むものと考えられています。これが「知る権利」といわれるものです。「情報を受け取る権利」というのは、国民、住民が様々な媒体から情報を収集することを、国や自治体等の行政機関によって妨げられることがないという権利です。世界の国々では出版物の検閲等によって自由に情報にふれることができないこともありまし

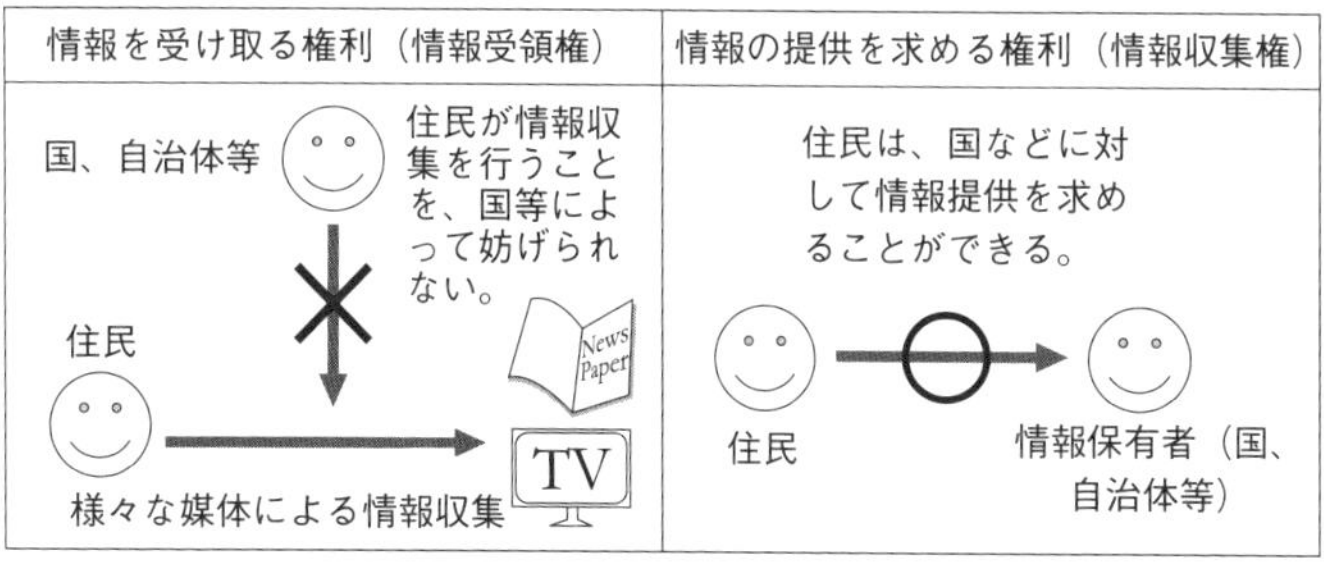
情報を受け取る権利（情報受領権）
国、自治体等
住民が情報収集を行うことを、国等によって妨げられない。
住民
News Paper
TV
様々な媒体による情報収集
情報の提供を求める権利（情報収集権）
住民は、国などに対して情報提供を求めることができる。
住民
情報保有者（国、自治体等）

図表1―2　情報を受け取る権利と情報の提供を受ける権利

たが、今日ではそのような規制を行うことはできません。また、「情報の提供を求める権利」とは、国や自治体等が保有する情報に対して、国民、住民が積極的に提供を求める権利です。「情報を受け取る権利」が国等に対して、「国民、住民が情報の収集を行うことを妨げないという不作為」を求めるのに対して、「情報の提供を求める権利」は、国民、住民が国等に対して「情報の提供という作為」を求めることができる権利です（図表1―2）。

ところで、住民には「知る権利」が認められたり、行政機関には「説明責任」があることから、住民によっては「住民には『知る権利』があるんだから行政の情報を提供しろ」とか、「行政には『説明責任』があるんだから、説明に来い」などという人がいるかもしれません。

しかし、情報公開請求権を「説明責任」と考えるか、あるいは「知る権利」と考えるかにかかわらず、情報公開制度の具体的内容は行政機関が保有する文書を公開することにとどまります。それを越えて、説明を受ける権利や知る権利を保障するわけではありません。特に説明責任については、行政が一般的な責務として負うものですが、職員に対して具体的な法的義務を負わせるものではありません。「職員は説明責任があるのだから、すべて説明しろ！」という住民がいたとしても、場合によっては「それはお答えできません」ということも当然ありますす。もっともそれは情報公開制度とは別の次元の話で、行政の一般的な責務の範囲をどのようにとらえるかの問題です。

なお、ニセコ町情報公開条例13条では、実施機関は公開請求に係る町政情報が存在しないときは、①当該町政情報が不存在であることを理由として公開をしないこと、又は②当該公開請求に係る町政に関する文書等を新たに作成し、又は取得して、当該文書等を請求者に対して公開することのいずれかの決定を行わなければならないとされています。この条例では、既に存在する行政文書を公開するのみならず、実施機関の判断によって新たに作成する場合があることを規定しています。

さあそれでは、実際に情報公開法の規定を見てみたいと思います。まず、1条を見てみましょう。多くの法律では、1条に目的が規定されていて、この目的規定を見ることでその法律が目指すところを理解できます。とても重要なのがこの目的規定です。

□情報公開法
（目的）
第１条　この法律は、国民主権の理念にのっとり、行政文書の開示を請求する権利につき定めること等により、行政機関の保有する情報の一層の公開を図り、もって政府の有するその諸活動を国民に説明する責務が全うされるようにするとともに、国民の的確な理解と批判の下にある公正で民主的な行政の推進に資することを目的とする。

情報公開法の目的規定のポイントは「国民に説明する責務」です。最近よくいわれる「説明責任」を規定したものです。もしかすると「説明責任」よりも「アカウンタビリティ」という言葉を耳にすることが多いかもしれませんね。このアカウンタビリティ（accountability）は普通名詞で本来「義務・責任」の意味ですが、今日では「説明責任」という意味で使われるようになっています。情報公開制度の目的を「説明責任」や「アカウンタビリティ」に求めるのは、国や自治体は、主権者である住民に対し幅広く情報を提供して行政運営の内容を説明する責任を負っているると考えるからなのです。

情報公開法が制定され約10年が経過した2010年4月に、行政の透明性のあり方を検討するため、行政刷新担当大臣を座長とし、政務三役等で構成する「行政透明化検討チーム」が設置されました。そして、同年8月24日には情報公開法について抜本的な改正を行うべきとする「行政透明化検討チームのとりまとめ」（以下「検討チーム報告書」といいます。）がまとめられました。この検討チーム報告書では目的規定における「知る権利」の位置付けについて、次のような指摘がされています。「国民が行政文書及び法人文書の開示を請求する権利は、健全な民主主義の根幹を支える極めて重要な権利であることにかんがみ、当該権利が憲法上の権利である『国民の知る権利』を具体化するものであることを、法目的に明示する。なお、現行法上、目的規定に記載されている政府の『説明責務』の観点は、（略）これを維持する。（略）そこで、このような情報公開法の意義を明らかにするため、行政機関情報公開法及び独立行政法人等情報公開法が行政の透明性を向上させ、行政に対する国民の監視と参加に資する制度である趣旨を目的規定に盛り込む」（検討チーム報告書1頁）こととされました。その検討を踏まえて国会に提出された情報公開法の改正案の目的に関する規定は以下のとおりです（傍線筆者）。ただし、この法案は、審議未了により廃案となり、改正はなされませんでした。

> 情報公開法改正案
>
> （目的）
>
> 第１条　この法律は、国民主権の理念にのっとり、行政文書の開示を請求する権利及び行政機関の諸活動に関する情報の提供につき定めること等により、行政機関の保有する情報の一層の公開を図り、もって国民の知る権利を保障し、政府の有するその諸活動を国民に説明する責務が全うされるようにするとともに、国民による行政の監視及び国民の行政への参加並びに公正で透明性の高い民主的な行政の推進に資することを目的とする。

多くの自治体では、「知る権利」の重要性を意識し、すでに情報公開条例に「知る権利」を明記しています。例えば、千葉県情報公開条例では、前文において「県は、県民がひとしく享有する『知る権利』を尊重し、その保有する情報を県民のだれもが適切に知ることができるよう、ここに千葉県情報公開条例を制定し、情報公開制度の一層の充実を図っていくものとする」と規定しています。

3　情報公開法と情報公開条例

情報公開制度の実際の法律的な根拠として、国においては情報公開法が制定され、この情報公開法に基づいて国の情報公開制度が運用されています。一方、自治体における情報公開制度は、各自治体の情報公開条例に基づいて行われています。そのため、国や各自治体の情報公開制度の具体的な内容は、情報公開法や条例の規定内容により異なることになります。この点については最高裁も「地方公共団体が公文書の公開に関する条例を制定するに当たり、どのような請求権を認め、その要件や手続をどのようなものとするかは、基本的には当該地方公共団体の立法政策にゆだねられているところである」（最判平成13年12月18日民集55巻1603頁）としています。

「知る権利は憲法上の権利なのだから、知る権利に基づく情報公開条例の内容は各自治体の判断に委ねられるものではなく、憲法に基づく権利として全国一律に規定されなければならない」と考える人もいるのではないでしょうか。この点については、下級審の判決ですが、「憲法21条は、国民の表現の自由を保障するところ、その実効性を担保するためには、国民の知る権利も保障する必要がある。しかしながら、憲法上認められる知る権利は、それ自体では抽象的な権利であり、特定の情報ないし文書の公開を請求するためには、これに具体的権利性を与える実定法上の根拠が必要であると解される。してみれば、公開請求権の内容や範囲も、当該実定法の目的や趣旨を参考として、当該実定法の文言に即して判断すべきこととなる。」（大阪地判平成16年9月8日裁判所ウェブサイト）とされています。

こうしたことから、いくら「知る権利」が憲法に基づくものであるとしても、自治体における情報公開請求権の内容は、各自治体の条例によって規定されることになります。そのため、本書では、様々な条例について幅広く説明を行うこととしていますが、実際の情報公開制度については各自治体の情報公開条例を参照する必要があります。

はじめて情報公開制度を学ぶ人は、まだまだ「情報公開法と情報公開条例ってなに?」と頭の中に「?」がいっぱい飛んでいるのではないでしょうか。とりあえず次のように理解しておいてください。

○情報公開法　→　国の機関が保有する文書（情報）の公開を、国の機関に求めることができる制度を定めている。

○情報公開条例　↓　自治体の機関が保有する文書（情報）の公開を、自治体の機関に求めることができる制度を定めている。

このように、国の機関の情報公開制度は情報公開法に基づいて、全国的にひとつの制度として実施されることになります。一方、情報公開条例は全国の自治体が独自に制定していますので、自治体ごとに異なる情報公開条例に基づいて情報公開制度が運用されることになります。都道府県と市町村を合わせて約１７２０の自治体がありますので、その数だけの情報公開制度があるということです。さらに一部事務組合、広域連合なども独自に情報公開条例を制定しているのが一般的です。そのため全国の情報公開条例の数は３０００を超えるのかもしれません。もっともこれだけたくさんの情報公開条例が制定されていても、その基本的な内容はほぼ同様です。ただ、請求権者や非公開とするものの範囲など細かな部分で規定が異なるので注意が必要なのです。

本書は自治体職員向けの情報公開制度の入門書ですが、全国すべての自治体の情報公開条例を網羅して解説することは、もちろん不可能です。そのため、解説に当たっては情報公開法の規定をベースにしながら、必要に応じて情報公開条例の規定にもふれていくことにしたいと思います。

4 条文の重要性

各自治体が保有する文書の公開は、各自治体の条例に基づき行われるということを忘れてはなりません。国の答申や判例に漫然と従うと誤った結論を導いてしまうことがあります。例えば、次のような裁判例があります。枚方市立中学校の生徒を対象として行った中学校学力診断テストに関する情報について、公開することにより、当該事務事業の目的を著しく失わせ、又はこれらの事務事業の適正若しくは公正な執行を著しく妨げるとは認められないとして、非公開とした部分が取り消された事例に関するものです。条文の重要性を意識できる非常に興味深い裁判例です。

文部科学省に設置された「全国的な学力調査の実施方法等に関する専門家検討会議」は、全国的な学力調査の結果得られた調査データの個々の単位の状況について、情報公開法に規定する「監査、検査、取締り、試験又は租税の賦課若しくは徴収に係る事務に関し、正確な事実の把握を困難にするおそれ又は違法若しくは不当な行為を容易にし、若しくはその発見を困難にするおそれ」あるいは「調査研究に係る事務に関し、その公正かつ能率的な遂行を不当に阻害するおそれ」があるとして非公開として取り扱うことが適当であるとしていました。これを受けて、枚方市も同様に非公開としたものです。しかし、判決は、情報公開法は、「不開示情報として、事務事業の性質上、その適正な遂行に支障を及ぼすおそれがあるものなどと規定しており、本件条例6条7号と比較した場合、事務支障の『おそれ』があれば足りるとしている点、事務支障の程度が『著し』いことを要件としていない点の2点において、不開示情報の範囲が広げられている」ため「情報公開法上の不開示情報への該当可能性があることをもって、本件条例の非公開情報への該当性を基礎づけることはできない」としました。要するに情報公開法は、不開示（非公開）事由の要件としては、事務事業の性質上その適正な遂行に支障を及ぼす「おそれ」と規定しているのに対して、枚方市の条例は、事務支障の程度が「著しい」ことを要件としており、この事案では「著しい」とまではいえないため非公開とすることはできないという判断を示したのです（大阪地判平成18年8月3日判タ1235号183頁）。

つまり、情報公開法と枚方市の情報公開条例では、ほぼ同様の非公開事由を規定していながら、全く同一の条文でなかったため、個別の判断に当たってはそれぞれの条文に照らして判断するべきであることが明確に示されたのです。情報公開はあくまでも各自治体の条例に基づいて行われるため、このように類似の規定であっても、各自治体の条文を詳細に検討して公開・非公開の決定を行わなければならないのです。

情報公開法と枚方市情報公開条例では、次のように非公開事由を規定しています。その違いを確認してください（傍線筆者）。

□情報公開法

（行政文書の開示義務）

第５条 （略）

六 国の機関、独立行政法人等、地方公共団体又は地方独立行政法人が行う事務又は事業に関する情報であって、公にすることにより、次に掲げるおそれその他当該事務又は事業の性質上、当該事務又は事業の適正な遂行に支障を及ぼすおそれがあるもの

■枚方市情報公開条例

（公開しないことができる情報）

第6条　（略）

七　市又は国等が行う取締り、監督、立入検査、入札、交渉、渉外、争訟、試験、人事その他の事務事業に関する情報であって、公開することにより、当該事務事業の目的を著しく失わせ、又はこれらの事務事業の適正若しくは公正な執行を著しく妨げると認められるもの

5　原則公開

情報公開法5条では、「行政機関の長は、開示請求があったときは、開示請求に係る行政文書に次の各号に掲げる情報のいずれかが記録されている場合を除き、開示請求者に対し、当該行政文書を開示しなければならない」（傍線筆者）と規定されています。つまり、公開請求者に対して行政文書は原則的には公開しなければならず、各号に掲げる情報を非公開にすることは例外であることが明確に規定されています。各自治体の情報公開条例も

同様に規定されています。皆さんは、まず、情報公開の請求に対しては、原則公開であるということを十分に認識しなければなりません。

さらに、情報公開法7条では「行政機関の長は、開示請求に係る行政文書に不開示情報が記録されている場合であっても、公益上特に必要があると認めるときは、開示請求者に対し、当該行政文書を開示することができる」（傍線筆者）とし、非公開事由であっても「公益上特に必要があると認めるとき」は、その行政文書を公開することができる旨を規定しています。これを裁量的公開といいます。これも原則公開という理念のあらわれで、行政情報（文書）の公開性をさらに高めています。行政情報は、そもそも住民、国民の共有の財産であり、原則的に住民、国民は行政文書の閲覧や写しの交付を広く求めることができると考えられているのです。

コラム

行政情報提供の2つの方法

行政機関が住民から行政情報の提供を求められた場合、住民に情報を提供する方法としては大きく分けて情報提供と情報公開の２つの制度があります。

まずひとつ目は行政機関が主体的に行う情報提供です。行政機関が住民に対して様々な情報を積極的に提供することはとても大切なことです。そのため、公開請求の手続をとるまでもなく、情報提供が可能であるときは、各担当部署から必要な情報を提供するべきです。容易に情報提供をすることができるにもかかわらず、ことさら公開請求の手続をとることを求め、住民の負担を増大させることのないように配慮することが大切です。多くの自治体では情報公開条例において、「情報公開の総合的な推進に関する責務」などとして、情報公開と併せて情報提供の拡充を図ることを規定しています。

また、官報、公報、白書、新聞、雑誌、書籍その他不特定多数の者に販売することを目的として発行されるものについては、情報公開条例の規定により、行政情報から除外されているのが一般的です。そのため、もしそれらの文書について公開請求があった場合には公開請求の対象にならないこと、及びこれらのものが閲覧又は販売されている場所等を説明しなければなりません。

しかし、そもそも住民に対して提供することを想定していない文書などは、公開請求の手続を経て、行政機関として公開すべきかあるいは非公開にすべきかなどについて慎重に判断すべきです。つまり、情報提供することができない行政情報については、情報公開制度に基づく公開請求を行ってもらうよう住民に説明することになります。

情報提供と情報公開の2つの制度を適切に運用して、住民に対する情報提供を進めることが大切です。

第2章

情報公開手続の概要

1　情報公開手続の基本的な流れ

それでは、情報公開制度の具体的な説明に入っていきましょう。まず情報公開手続の基本的な流れを見ることにします。情報公開制度の全体像を把握したのちに、それぞれの手続で問題となることを詳細に見ていきたいと思います。

(1)　対象文書の特定～請求

情報公開制度を利用して行政機関が保有する情報を入手したいと思った場合、自治体が設けている情報公開窓口に公開請求書を提出しなければなりません。この請求書には、請求者の住所、氏名等のほか、行政文書の名称その他の公開請求に係る行政文書を特定するに足りる事項、つまりどのような文書の公開を求めたいかを記入することとされています。ただし、住民にとって公開を求めたい行政文書の名称を具体的に記入することはとても難しいため、一般的に請求書の記入の前に自治体の担当者と相談をすることになります（図表2―1）。そして、請求文書を具体的に特定できればその文書名を記入することになりますが、文書名を具体的に特定できない場合には対象文書の範囲が特定できるように請求

図表２―１　情報公開請求における窓口での手続

内容を具体的に記入しなければなりません。

(2) 公開請求書の受付

行政情報の公開請求をする場合は、先に述べたように請求者の住所・氏名等、各自治体の条例や規則で規定された事項を記載した請求書を提出しなければならないこととされています。

ファクシミリや電子メールによる公開請求書の送付、提出については、「誤送信の危険がある」、「到達の確認手段が確立していない」、「請求内容が不明確で文書の特定が困難な場合がある」などの理由により認めていない自治体もありますが、すでに認めている自治体もあります。例えば、別府市は、ファクシミリ及び電子メールによる行政文書の公開の請求を受け付けるとともに、ファクシミリ及び電子メールによる情報の公開も行っています。(同市ファクシミリ・電子メールによる行政文書の公開の請求等に関する規程)。また、神奈川県では、電子申請システムを利用した情報公開請求を受け付けています。このほかにも石川県では、食品衛生法営業許可施設一覧等について電子メールによる情報提供を実施しています。このように電子メール等を活用して情報公開を行う自治体が増えています。

(3) 必要事項の記載の確認（形式的審査）

公開請求書が提出されると担当職員は、その自治体の条例や規則などで規定されている必要事項が記載されているかどうかを確認します。一般的に必要とされている記載事項としては、①請求者の氏名、住所、連絡先等、②行政文書の名称その他の公開請求に係る行政文書を特定するに足りる事項、③公開の方法（閲覧、写しの交付等）があります。

これらの記載がされていない場合又は不十分な場合については、情報公開法４条２項には、公開請求者に対し相当の期間を定めて、その補正を求めることができる旨が規定されています。情報公開条例にこのような規定を設けている自治体もありますが、設けていない自治体においても、法令に定められた申請の形式上の要件に適合しない申請については、速やかに、申請者に対し相当の期間を定めて当該申請の補正を求める旨が行政手続条例において規定されているのが一般的です。

この補正については、受付窓口で修正、加筆してもらえる場合には修正、加筆後に正式な受付となりますが、修正、加筆に時間を要する場合には「相当な期間」を定めて補正を求めることになります。「相当な期間」とは、公開請求者が補正をするに足る合理的な期間をいいます。なお、補正されて適法な請求書が提出された時点で正式な受付となるため、その補正に要した日数は公開決定等までの期間に算入されません。

このようにして、提出された公開請求書に必要事項が記載されていること等を確認したときは、公開請求書の収受の手続を行います。申請等については到達主義が原則であることから、受付印の年月日は、公開請求窓口で公開請求書を受け取った場合は受け取った日、郵送による場合は公開請求書が配達され届けられた日になります。この受付の期日は、公開（非公開）決定の期限を明確にするために非常に重要になりますので、明確にしなければなりません。

それでは公開請求書に記載すべき事項について、順に確認していきましょう。

ちょこっと
豆知識

行政手続法と行政手続条例

行政手続法は行政処分等に関する基本的なルールを規定していますが、適用されるのは法令に基づく処分等です。情報公開条例等のように条例に基づく行政処分には、行政手続法の規定は適用されません（行政手続法3条）。ただし、同法46条においては、「地方公共団体は…この法律の規定の趣旨にのっとり…必要な措置を講ずるよう努めなければならない」と規定されています。この規定を受けて、各自治体では行政手続法と同様の内容で行政手続条例を設けているのが一般的です。

① 請求者の氏名、住所、連絡先など

請求書の記載内容で最も重要な点が、公開請求者に関する事項です。自治体によっては、公開請求を住民や通勤、通学者などに限っている場合があります。そのような場合には、請求者が公開請求権を有しているかについての確認も必要です。

一方、請求権者について「何人も」と規定し請求権者を限定していない自治体において、請求者の住所、氏名などの記載は、公開決定という行政処分の相手方を確定する意味や連絡先を明確にするなどの意味を有するにとどまることになります。後ほど説明するように個人情報保護制度の下では、国や自治体は、住所、氏名等の個人情報を所掌事務を遂行するため必要な場合に限り保有できることとされています。そのことを踏まえて、「何人」でも請求できる場合に住所、氏名の記載が真に必要かについても検討する必要があります。

請求の理由、利用の目的、公開請求者と公開請求に係る情報との関連性等に関する事項については、一般的に記載の必要はありません。これは、公開請求制度は、請求の理由及びその利用の目的を問わずに行政文書の公開を求めることができる制度だからです。

② 行政文書の名称その他の公開請求に係る行政文書を特定するに足りる事項

公開請求書には「行政文書の名称」を記載しなければならないとされており、実施機関はその請求内容に従い公開対象となる文書の特定を行います。公開すべき文書を的確、かつ迅速に特定するために、情報公開請求に当たっては可能であれば公開を求める文書の名称を記載すべきです。しかし、行政事務に通じていない一般の市民が文書の名称を具体的に明らかにして請求することが難しい場合も多くあります。そのような場合にも的確に文書を特定するために、公開請求に当たっては「公開請求に係る行政文書を特定するに足りる事項」として、知りたい内容等を具体的に記載するなど、公開請求を受けた実施機関が合理的な努力をすることにより行政文書を特定することができる程度の事項を記載する必要があるとされています。

それでは、公開請求書において対象文書が不明確な場合には、自治体職員としてはどのように対応すればよいのでしょうか。この点については、まず請求者に対して請求対象を明確に記載するように、公開請求書の補正を求めるべきでしょう。ただし、「開示請求書の記載によって開示請求に係る文書が特定されていると認められる場合には、（略）開示請求書の記載によって特定された文書を開示すれば足りると解するのが相当であり、この場合、開示請求書の記載から通常読み取れる文書以外の文書の開示請求の機会を与えるため、開示請求を受けた行政機関において、開示請求者に対して補正を促す必要はない」とする裁判例（東京地判平成23年2月18日裁判所ウェブサイト）もあるように、必ずしも補正を求めなければならないわけではなく、記載された内容から読み取れる範囲で公開等の決定を行うことも可能です。

公開請求書に行政文書の特定に関する事項（文書名等）を記載することは、公開請求の適法要件だと考えられています（情報公開実務研究会『情報公開の実務』（第一法規、１９９８年）１２０頁）。そのため、対象文書を特定することができないような公開請求は要件を満たしていない不適法な請求であり、請求を却下することも可能であると考えられます。請求対象文書をどの程度明確に記載するかについては、ケース・バイ・ケースで一概にいえませんが、裁判例では「行政機関の職員において当該記載から開示請求者が求める行政文書を他の行政文書と識別できる程度の記載がされることが必要というべきである」という判断が示されています（名古屋地判平成20年7月30日答申・判決データベース）。

実施機関が、相当の期間を定めて、補正を求めたにもかかわらず、公開請求者がこれに応じないことや、あるいは補正に応じた後の公開請求書の記載についても、実施機関が合理的な努力をしても行政文書を特定することができないようなこともあります。もちろん事案によって異なりますが、請求内容が明確に記載されていないことを理由として公開請求を不適法なものとして却下することもできます。

例えば、「本件各請求の内容及び（略）補正依頼に対する回答内容を見分したところ、いずれも公開条例（略）が規定する『公文書の名称その他の公開請求に係る公文書を特定するに足りる事項』であるとは到底認められないものであった。したがって、本件各請求は不適法なものであると認められる」として実施機関が行った公開請求却下決定は妥当であると判断している事例もあります（平成25年7月12日大阪市情報公開審査会答申第343号）。

③　公開の方法

請求者としては、どのような方法により公開を求めるかを公開請求書に記載しなければなりません。公開の方法は、閲覧や写しの交付などとされているのが一般的です。これ以外に電子的媒体の場合には、ＵＳＢメモリーにコピーするなどの方法もあります。

(4)　**公開請求に関する実質的審査**

公開請求書について形式的な要件を満たしていることが確認できた場合には、さらに請求対象文書に非公開事由が含まれていないかなど実際に公開することができるかということについて、実質的な審査を行います。

公開決定に際しての実質的審査ポイントとしては、おおむね次の点が挙げられます。

・情報公開制度の対象となる行政文書（情報）か
・非公開事由に該当しないか
・第三者に意見照会をする必要はないか
・対象文書の存否を明らかにしても問題ないか

(5) 公開決定

公開請求に関する実質的審査を経て、公開請求に対する決定という行政処分を行うことになります。その決定の主なものとしては、請求のあった文書のすべてを公開する場合には「全部公開」、その文書の一部に非公開情報が含まれている場合には「部分公開」、その文書のすべてが非公開情報である場合には「(全部）非公開」があります。

(6) 公開の実施

全部公開又は部分公開の場合には、請求のあった行政文書を請求者に公開します。公開の方法は、請求者の請求に従って、対象文書について写しの交付あるいは閲覧などによることになります。公開手数料は自治体の場合には一般的に無料とされていますが、国の場合には手数料を支払わなければならないこととされています（情報公開法16条1項）。なお自治体においても手数料を徴収する場合もあります。例えば、春日井市では、閲覧について100枚以内は100円、100枚超の場合は100円に100枚を超える枚数1枚につき5円を加えた額を手数料として徴収することとされています（春日井市情報公開条例17条）。

自治体においては公開請求自体の手数料は一般的に無料とされているものの、写しの交付の場合には実費相当額を徴収することとされています。なお、2016年4月に施行の改正行政不服審査法では、証拠書類等の写しの交付を求める場合には、実費の範囲内において条例で定める額の手数料を納めなければならないこととされています（行政不服審査法38条6項）。情報公開制度とは異なりますが、ともに写しの交付を求めることに対する手数料ですので、ある程度整合性を意識して額等を定める必要があるでしょう。

ここまで説明した情報公開請求手続の流れを図示すると図表2―2のようになります。

2　情報公開請求権者

ここからは、情報公開制度において問題となる点を順に見ていきましょう。

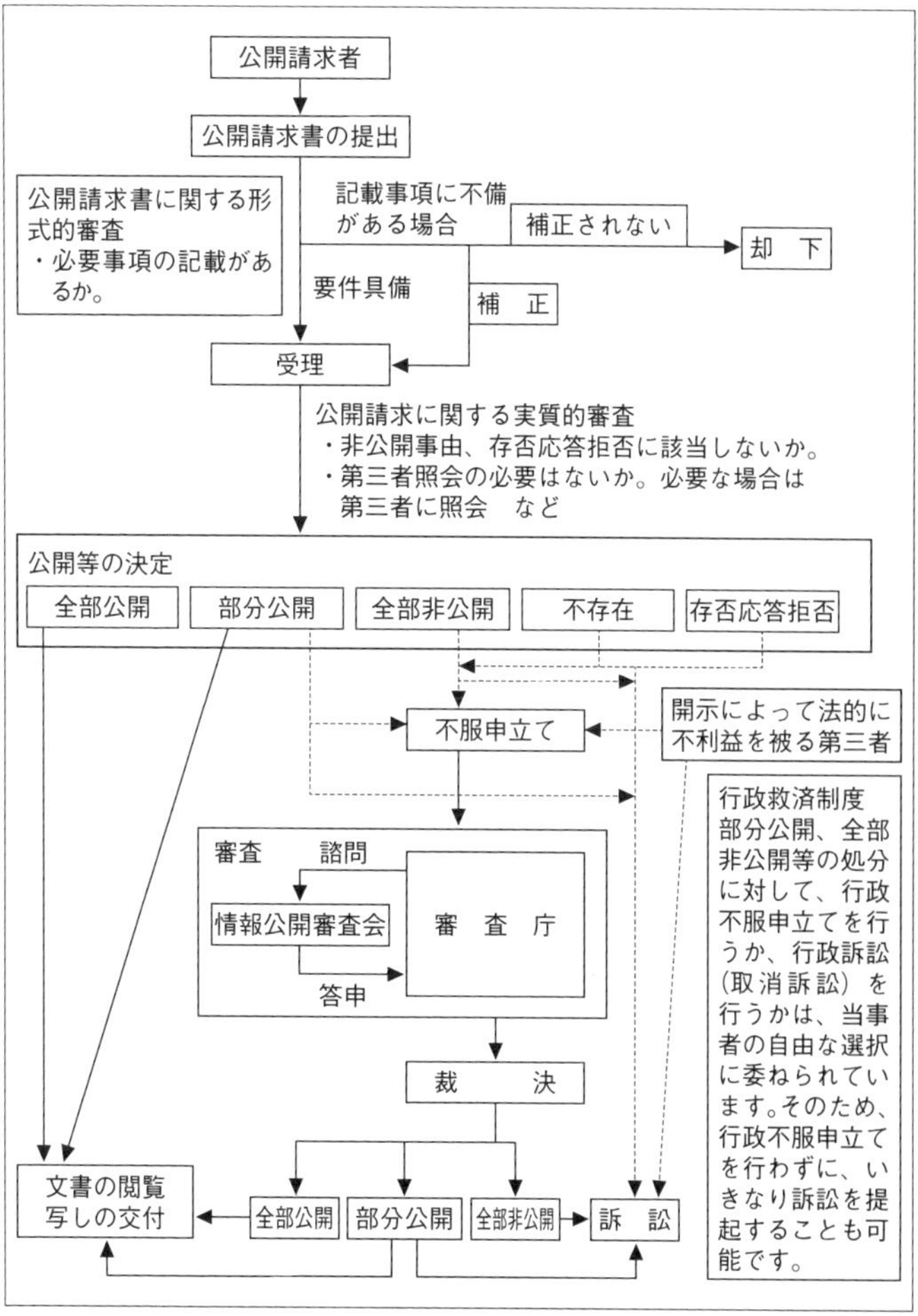

図表2―2　情報公開手続の流れ

情報公開制度において、まず問題となる「誰が情報公開請求を行うことができるか」という点です。つまり、情報公開制度において誰に公開請求権を保障するかという問題です。

情報公開法3条では、公開請求を「何人も」することができる旨を規定しています。条文では「開示請求」とされていますが、情報公開請求という表現が定着していることから、本書では「公開請求」で統一して表現することにします。条例の条文上でも「公開請求」と表現している自治体も多くあります。

情報公開請求権を国民主権のためのものであると考えるならば、立法政策（法律を制定する際の立法者の判断）としては、主権者である国民にのみ請求権を認めて、外国人には請求権を付与しないとすることも可能でした。しかし、外国人を排除する積極的理由に乏しいことや、広く世界に情報の窓を開くということに政策的意義が認められることから、国籍なども問わずに幅広く情報公開請求権を保障したのです（総務省行政管理局編『詳解情報公開法』（財務省印刷局、2001年）28頁。以下「総務省『詳解情報公開法』」といいます）（図表2—3）。

自治体においても、誰に情報公開請求権を認めるかは立法政策の問題ですが、多くの自治体では国と同様に「何人も」請求権を有するものと規定しています。ただ、「地方公共

図表２―３　世界に開かれた我が国の情報公開制度

団体の住民」、「利害関係を有する者」などに限って公開請求権を認めるという条例も見受けられます。さらに、請求権者については幅広く「何人も」と規定しているものの、市外在住の人については手数料を徴収する例もあります（神戸市等）。

情報公開制度の運用にも相応のコストがかかることを考えれば、住民以外に対して住民と同様の請求権を認めるに当たっては、情報公開制度の趣旨と制度運営のコスト負担も含めて十分に検討をする必要があります。つまり、情報公開制度は、自治体の主権者である住民が行政運営に参加するための制度、あるいは主権者である住民に対する説明責任と考えるのであれば、住民以外は主権者でない以上、無償で制度の利用を保障する必要がないということもいえます。また、情報公開請求権を説明責任ととらえるならば「『説明責任』をなぜ利害関係人以外の一般国民に対して行政が直接に負うのか」（棟居快行「開示請求権の位置づけについて」ジュリスト１１０７号（１９９７年）27頁）という指摘もされています。

請求権者の範囲をどのように考えるかについては、とても重要な問題なので皆さんも考えてみてください。自治体職員の皆さんは、現行の条例を適正に運用するという責務を負いますが、さらに、今後、各自治体の情報公開制度がどのようにあるべきかについてを考えることも重要なことです。

3 営利目的の公開請求

情報公開制度を参政権の観点からとらえると、問題となるのが営利目的の情報公開請求です。営利活動のために使用することを目的として情報公開請求を行う場合には、情報公開制度の大きな柱である参政権に基づくものとはいえません。明らかに営利を目的とした公開請求については、一般的な公開請求と異なる扱いをする制度を設けることも可能です。しかし、実際上、情報公開請求に際して、営利・非営利を公開請求の外形上から客観的に判断することは困難です。そのため、国あるいは多くの自治体では、営利・非営利を問わず、一律に公開請求権を認めるとともに、手数料についても同様に扱っています。

このような扱いについては、「情報民主主義という視点を強調し、その反面として情報個人主義の視点をとらないのであれば、民主主義のコストは能動的市民の個人負担に帰せられるべきでなく、フリーライダーを含む全体で負担すべきものであるから、有料化は疑問だということになろう」という考えも示されています（前掲棟居論文30頁）。公開請求の外形上では営利、非営利の判別ができないという課題もありますが、情報公開制度の趣旨を踏まえて、受益と負担とを考えて解決すべき問題です。

(1)　手数料を徴収するもの

情報公開請求に関しては原則として無料としながら、営利目的等の場合には手数料を徴収することとしている自治体もあります（国分寺市情報公開条例13条1項等）。なお、薩摩川内市では、営利目的という規定はせずに、株式会社等が請求した場合には手数料を徴収することとしています（薩摩川内市情報公開条例17条2項）。営利目的という点は請求内容など外形からは確認することができないため、このような請求主体による区分もひとつの方法なのではないでしょうか。

(2)　取得行政情報等について対価を得て提供することを禁じるもの

営利目的の公開請求に関しては、手数料を徴収するものの他に、公開請求によって取得した文書を、対価を得て第三者に提供することを禁止している自治体もあります（横須賀市情報公開条例5条2項）。

4 情報公開制度の対象となる行政機関

(1) 実施機関

各自治体の情報公開条例では、行政文書の公開を実施する機関を「実施機関」という用語で規定しています。実施機関の範囲は、各自治体の条例により異なりますが、一般的には知事、市長、議会（議長）、教育委員会や選挙管理委員会等の行政委員会、公営企業管理者（水道局・交通局・ガス局・市立病院）、消防長などが実施機関に位置付けられています。ただし、議会については、一般の情報公開条例の実施機関には位置付けずに、別に議会独自の情報公開条例を制定している自治体もあります（東京都、埼玉県等）。情報公開制度では、これらの実施機関が、それぞれ独立して行政文書の公開を行う機関と位置付けられています。なお、国の場合には、情報公開法で「実施機関」という用語ではなく「行政機関」という言葉を用いていて、各省庁や内閣府などが行政機関として情報公開を行うこととされています。

この実施機関や行政機関が保有している行政文書が情報公開制度の対象となります。そのため、実施機関をどのように規定するかということは、情報公開制度の対象となる機関、あるいは文書を確定することになるため、とても重要なポイントです。

■東京都情報公開条例

第2条　この条例において「実施機関」とは、知事、教育委員会、選挙管理委員会、人事委員会、監査委員、公安委員会、労働委員会、収用委員会、海区漁業調整委員会、内水面漁場管理委員会、固定資産評価審査委員会、公営企業管理者、警視総監及び消防総監並びに都が設立した地方独立行政法人（略）をいう。

■名古屋市情報公開条例

第2条　この条例において、次の各号に掲げる用語の意義は、当該各号に定めるところによる。

(1)　実施機関　市長、議長、教育委員会、選挙管理委員会、人事委員会、監査委員、農業委員会、固定資産評価審査委員会、公営企業管理者、消防長及び市が設立した地方独立行政法人（略）をいう。

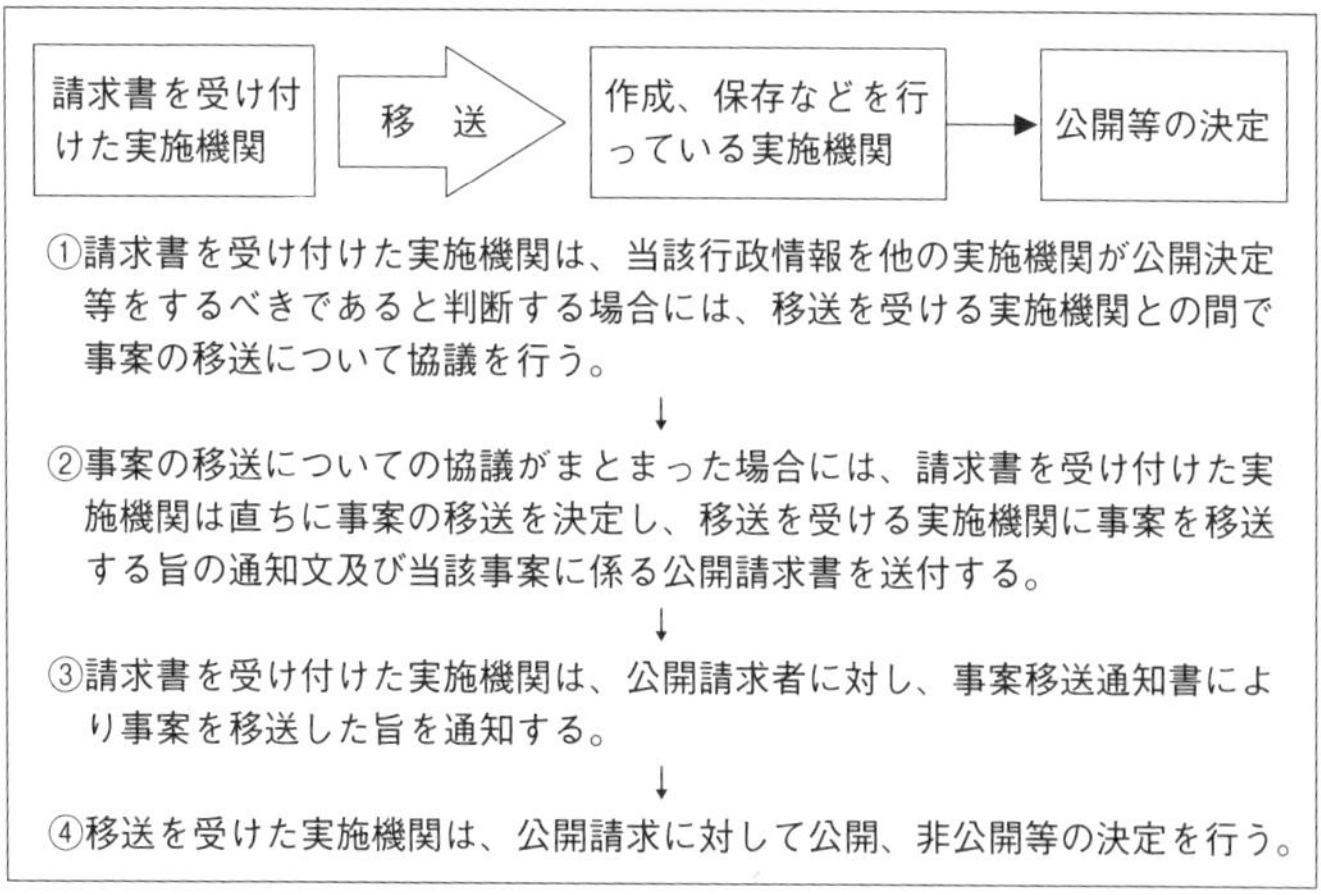
請求書を受け付けた実施機関
移 送
作成、保存などを行っている実施機関
公開等の決定
①請求書を受け付けた実施機関は、当該行政情報を他の実施機関が公開決定等をするべきであると判断する場合には、移送を受ける実施機関との間で事案の移送について協議を行う。
②事案の移送についての協議がまとまった場合には、請求書を受け付けた実施機関は直ちに事案の移送を決定し、移送を受ける実施機関に事案を移送する旨の通知文及び当該事案に係る公開請求書を送付する。
③請求書を受け付けた実施機関は、公開請求者に対し、事案移送通知書により事案を移送した旨を通知する。
④移送を受けた実施機関は、公開請求に対して公開、非公開等の決定を行う。

図表２―４　情報公開請求における移送の手続

(2) 事案の移送

情報公開請求に対する公開、非公開の決定は、請求書を受け付けた実施機関が行うことになります。しかし、公開請求の対象である行政文書が公開請求書を受け付けた実施機関とは異なる実施機関で作成され保存されているものである場合や、その行政文書が他の実施機関の事務に密接なかかわりがあるものである場合などには、作成、保存などを行っている実施機関に公開・非公開の決定を委ねた方が迅速かつ適正な処理を行うことができることがあります。そのような場合には、公開請求を受け付けた実施機関から、文書を作成、保存する機関等に対して公開決定等の事務処理を移送することがあります。そのため、情報公開法や多くの自治体の条例では、このような場合の移送手続等を規定しています（図表2—4）。

□情報公開法

（事案の移送）

第12条　行政機関の長は、開示請求に係る行政文書が他の行政機関により作成されたものであるときその他他の行政機関の長において開示決定等をすることにつき正当な理由があるときは、当該他の行政機関の長と協議の上、当該他の行政機関の長に対し、事案を移送することができる。この場合においては、移送をした行政機関の長は、開示請求者に対し、事案を移送した旨を書面により通知しなければならない。

(3)　出資法人、指定管理者等の情報公開

行政事務における委託化の進展、指定確認検査機関や指定管理者制度の創設等によって行政事務の一部を民間機関が担うことも多くなってきています。こうした動きは行政事務の民営化、民間化などといわれています。こうした民営化、民間化に伴って、従来は国や自治体が行っていた事務を民間機関が担うことになり、かつては行政文書として国や自治

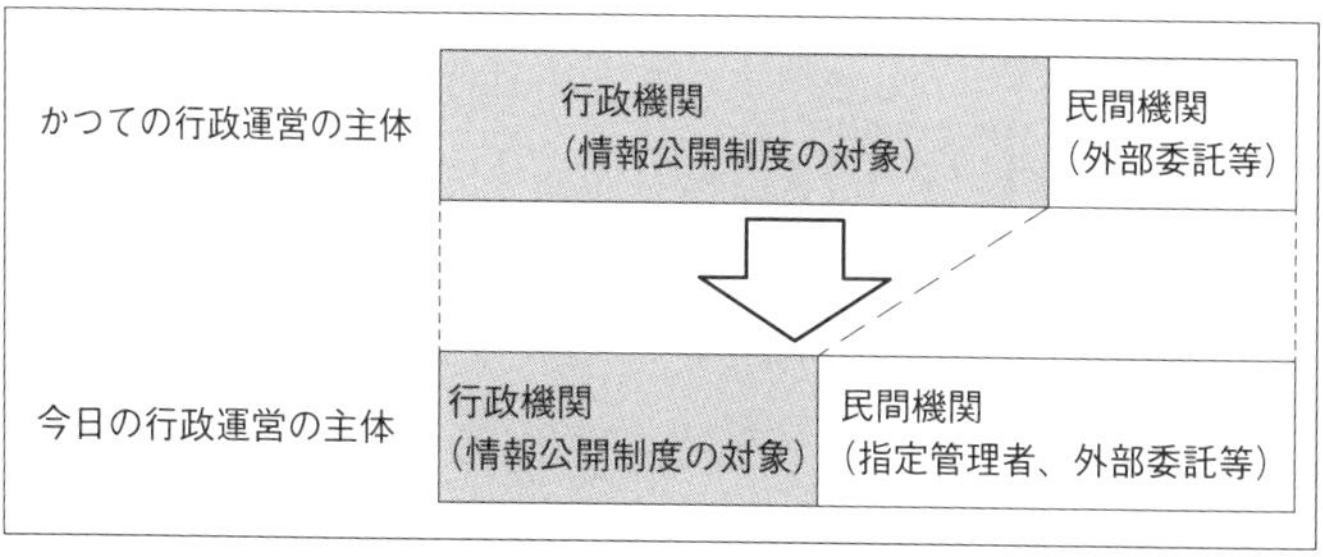

図表２―５　行政の民間化と情報公開対象文書の変化

体で保有していた文書や情報を民間機関が保有するようになってきています（図表２―５）。

そのため各自治体では、情報公開条例において出資法人や指定管理者等に関しても一定の規定を設けていることが多くなってきています。その類型としては、「①指定管理者等に情報公開制度の設置について努力義務を課す」、「②指定管理者等に情報公開制度の設置を義務付ける」、「③指定管理者等を情報公開条例の実施機関に位置付ける」などがあります。

まず、①指定管理者等に情報公開制度の設置について努力義務を課すという類型ですが、最も多くの自治体でとられているものがこの類型です。あくまで情報公開制度の設置について努力義務を課しているのみであるという限界があります。ただし、徳島県のように出資法人に対しては努力義務を課すにとどまるものの、指定管理者に対しては「当該公の施設の管理に関する情報の公開を行うため必要な措置を講じなければならない」（徳島県情報公開条例31条の2）と一定の範囲で義務を課している自治体もあります。情報公開制度は、国民主権、住民自治を支える根幹となる制度であることを考えるならば、外部委託や指定管理者制度の導入によって、住民が取得することができない行政関連の文書や情報を生み出すことはできるだけ避けなければなりません。一方、民間機関については、国や自治体とは異なり、運営の自主性を確保する必要があります。また、その団体の経営情報やノウハウなどの保護も重要です。そのため、行政情報の公開と民間機関の情報保持というバランスを意識して、このように努力義務などにとどめている自治体が多いのでしょう。

次に、②指定管理者等に情報公開制度の設置を義務付けるものです。例えば、鳥取県では、県が資本金、基本金等の総額の2分の1以上を支出している法人については文書の公開を条例で義務付けています（鳥取県情報公開条例33条の2）。さらに、同県では、その法人に対して文書の公開の請求を行い、非公開決定を受けた者は、県の所管実施機関に対して、その法人に文書の写しの提出を求める旨の要請をすることができることも規定しています（同条例33条の3）。

最後に③指定管理者等を情報公開条例の実施機関に位置付けるものですが、藤沢市及び尼崎市では、指定管理者及び土地開発公社を実施機関として位置付けています。

土地開発公社等の外郭団体は、法律的には設置主体である自治体とは別の法人格を有するものですが、自治体によっては自治体の事務と一体的に処理されている場合もあります。そのような場合には、土地開発公社の保有する文書であっても、設置主体である自治体の文書であるといえる場合もあります。裁判例でも、土地開発公社の保有する文書について市長と共同管理している実態があるとしたもの（東京地判平成12年４月27日判時１７４３号46頁）や県が関与する団体について実施機関から独立したものではなくむしろ実施機関に含まれるとしたもの（名古屋高判平成15年12月25日裁判所ウェブサイト）もあります。

5　対象文書について

次に情報公開制度において、公開の対象となる文書について考えてみましょう。例えば、東京都の条例では次のように規定されています。

■東京都情報公開条例

（定義）

第2条　（略）

2　この条例において「公文書」とは、実施機関の職員（都が設立した地方独立行政法人の役員を含む。以下同じ。）が職務上作成し、又は取得した文書、図画、写真、フィルム及び電磁的記録（電子的方式、磁気的方式その他人の知覚によっては認識することができない方式で作られた記録をいう。以下同じ。）であって、当該実施機関の職員が組織的に用いるものとして、当該実施機関が保有しているものをいう。ただし、次に掲げるものを除く。

一　官報、公報、白書、新聞、雑誌、書籍その他不特定多数の者に販売することを目的として発行されるもの

二　東京都公文書等の管理に関する条例（略）第2条第4項に規定する特定歴史公文書等

三　東京都規則で定める都の機関等において、歴史的若しくは文化的な資料又は学

術研究用の資料として特別の管理がされているもの

東京都情報公開条例では「公文書」と規定していますが、本書では情報公開法の用語に従って「行政文書」と記述してます。「公文書」と「行政文書」は同義の言葉だと理解をしておいてください。

かつて行政文書は、公務員が仕事のために作成する、あるいは保存するものであり、住民に公開するなどということは考えられていませんでした。しかし、国政の主権は国民にあるという国民主権や、住民が自治体の意思決定を行うという住民自治のもとでは、政府機関に集積された情報は、本来、国民のもの、すなわち国民が共有する情報です。そのような情報については国民、住民が知っているという状態が本来の姿と解されるようになっています。

行政情報は「公用物」＝「行政主体が自己執務の用に供する有体物」から、「公共用物」＝「行政主体により国民一般の利用に供される有体物」になったことは、「コペルニクス的転回といっても過言ではないとされています」（宇賀克也『情報公開・個人情報保護』（有斐閣、２０１３年）３頁）。

さらに、情報公開の対象となる行政文書について、「決裁又は供覧の手続が終了し、実施機関が管理しているもの」のみが対象文書とされていたこともありました。しかし、情報公開法では、「行政機関の職員が職務上作成し、又は取得した文書、図画及び電磁的記録であって、当該行政機関の職員が組織的に用いるものとして、当該行政機関が保有しているもの」を対象文書として規定しています（情報公開法2条2項）。近年は、自治体でも情報公開法と同様の規定をしているのが一般的です。

この「行政機関の職員が組織的に用いるものとして、当該行政機関が保有しているもの」とは、作成又は取得に関与した職員個人の段階のものではなく、組織としての共用文書の実質を備えた状態、すなわち、当該行政機関の組織において業務上必要なものとして利用・保存されている状態のものを意味します。したがって、職員が自己の執務の便宜のために保有する覚え書や資料、職員の個人的な検討段階にとどまる起案のための草稿、課題等の整理資料、参考となる事項のメモ書等は、これに該当しません。一方、行政機関の未決裁文書や内部資料であっても組織として共用しているものであれば公開対象となります（図表2―6）。また、職員の個人段階のメモは公開対象外ですが、たとえメモであっても組織的に用いられるものは公開対象文書となります。

個人段階のメモ
（対象行政文書でない）

組織的に共有している
（対象行政文書）

図表２―６　個人段階のメモと組織共用文書

興味深い裁判例としては、司法試験第2次試験の口述試験の準備作業の一環として考査委員により作成された想定問答等の文書の公開を求められた事案に関して、「『組織的に用いる』とは、その作成又は取得に関与した職員個人の段階のものではなく、組織としての共用文書の実質を備えた状態、すなわち、当該行政機関の組織において、業務上必要なものとして、利用され、又は保存されている状態のものを意味すると解するのが相当であり、これについては、「文書の作成又は取得の状況（略）、当該文書の利用の状況（略）、保存又は廃棄の状況（略）などを総合的に考慮して実質的な判断を行うのが相当である」とした上で、本件の文書は、「その作成者である1人の考査委員が自らの便宜のために作成したものであって、他の考査委員に交付された場合には、他の考査委員がそれを自己の便宜のために利用することは想定されているものの、合議制機関としての司法試験委員会において、各考査委員が組織的に必要性に基づき作成、又は利用しているものとはいえない」として、情報公開法2条2項にいう「行政文書」には該当しないとしました（東京高判平成19年2月14日裁判所ウェブサイト）。

情報公開法制定のために提案された情報公開法要綱案についての解説をまとめた「考え方」（以下「情報公開法要綱案の考え方」といいます。）によれば、「決裁」・「供覧」という手続的要件で対象文書の範囲を画さないとしており、広く行政情報を公開する規定となっています。情報公開法2条2項本文では、「行政文書」とは「当該行政機関の職員が組織的に用いるもの」を含むとし、「決裁」・「供覧」という事案処理手続の終了を経ることがなくとも、組織的に職員が当該文書を用いるのであれば公開対象になるとされています。

情報公開制度の対象となる行政文書についての具体的な基準として、横浜地裁判決（平成23年3月16日判例自治362号48頁）がとても参考になりますので、ここではひとつの考え方の方向として挙げておきましょう。

【対象行政文書の基準（一般的基準）】

Ⅰ 文書の作成または取得の状況（職員個人の便宜のためにのみ作成または取得したものであるかどうか、直接的または間接的に当該行政機関の長等の管理監督者の指示等の関与があったものであるかどうか）

Ⅱ 当該文書の利用の状況（業務上必要な文書として他の職員または部外に配布されたものであるかどうか、他の職員がその職務上利用しているものであるかどうか）

Ⅲ 保存または廃棄の状況（専ら当該職員の判断で処理できる性質の文書であるかど

うか、組織として管理している職員共用の保存場所で保存されているかどうか）など　を総合的に考慮すべきである。

ここからは、情報公開制度の対象となる行政情報、文書に関して具体的な例をいくつか取り上げてみることにしましょう。なお、行政情報が情報公開制度の対象となることを、「公文書性を有する」と表現されることもあります。

(1)　検討段階文書

職員が起案途上で2～3人の職員に意見を聞きつつ、作成している文書は、まだ組織共用文書とはいえないと考えられます。また、室、係の内部で起案に回す前に内部的に検討・チェックしている段階の文書が組織共用文書といえるかどうかは微妙な判断になりますが、職員の内輪の会議に提出した案のようなものであっても、前頁の横浜地裁判決でも示されているように、文書の作成・取得の状況、当該文書の利用の状況、保存・廃棄の状況を総合的に考慮して、個人的な文書ではなくなった場合には組織共用文書と考えるべきでしょう。

例えば、国会の審査に備えて作成されたが不採用となった内閣法制局の国会答弁資料案に対する公開請求に関して、複数の職員の閲覧・検討等にも供されるなど組織的に利用されていたことが容易にうかがえるものであることなどを理由として行政文書に該当するとした答申例があります（平成29年1月17日（平成28年度（行情）答申第６４６号））。

(2) 一時的な保管文書

実施機関が保有している文書であっても、本来の管理者あるいは所有者から一時的に預かっているような文書は情報公開の対象とはなりません。例えば、こんな裁判例があります。市役所の地域振興課職員がその職務として町会連合会の事務を行っていることから、町会連合会の文書を地域振興課で保管していた事案について、情報公開の対象となる行政情報というためには「当該文書の作成、保存、閲覧・提供、移管・廃棄等の取扱いを判断する権限を現実に有している必要があり、例えば、一時的に文書を預かっている場合には、当該文書を現実に支配、管理しているとはいえないというべきである」として、情報公開の対象とならないとの判断を示しています（東京地判平成22年3月30日判例自治３３１号13頁）。

しかし、その職員が職務として町会連合会の事務を処理していたのなら、その事務は市の事務であり、その文書は市の事務に関連する文書として情報公開の対象となると判断さ

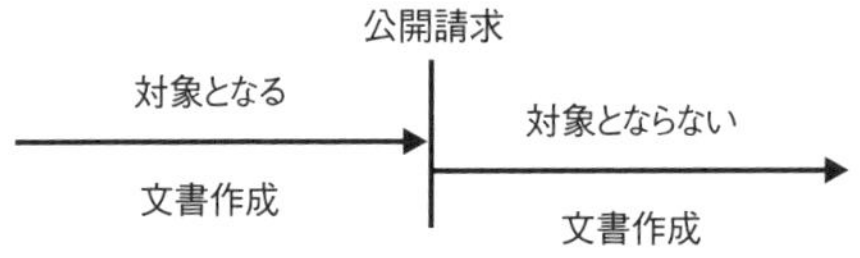

毎月あるいは毎日継続的に記入する文書については、同一の文書であっても公開請求以後に記入された部分は、その公開請求の対象とはなりません。

図表2—7　継続的に作成する文書の公開

れる可能性もあります。

(3) 公開請求時点で存在しない文書

情報公開制度は、存在する文書や情報をあるがままの形で公開するというのが基本的な原則です。公開のために新たな文書や情報を作成することまで求めることができるわけではありません。そのため、公開請求の時点で存在しない文書等は公開の対象とはなりません。また、公開対象となる文書等は公開請求の時点で判断することになるため、公開請求の後に記入された部分は、公開請求の対象となった同一文書であっても、すでになされた公開請求の対象にはならないという裁判例もあります（横浜地判平成23年1月26日判例集未登載）（図表2—7）。あくまで公開請求の時点で存在する文書が公開請求の対象になるため、公開請求の後に記入された部分や作成された文書について公開を求めようとする場合には、文書等が作成された後に再度公開請求を行わなければなりません。

(4) 保存期間を経過した文書

各自治体の文書管理規程等で文書の保存期間が規定されていて、保存期間が経過した文書は、通常、廃棄処分されることになります。この保存期間を経過した文書が廃棄処理されずに自治体が保有していた場合は、公開対象の行政情報として扱われるのでしょうか。

文書等が組織的に保存・管理されている場合には、保存期間が経過したとしても、また具体的な廃棄の指示がなされたとしても、「組織的に用いるもの」でなくなるわけではありません。そのため、存在する限りは組織共用文書として情報公開対象の行

ちょこっと豆知識

文書の保存義務

公開請求があった時点に行政文書（情報）が保存されていなかったり、所在が不明な状態では、情報公開制度が機能しません。このため、行政文書の適正管理は不可欠です。その意味で情報公開制度と行政文書の管理は車の両輪であるといえます。各自治体の文書管理規程等の規定に従った適切な行政文書の管理を行わなければなりません。文書を適正に管理せず、保存期間の経過前に廃棄してしまうと損害賠償を求められる可能性もあるので注意が必要です。

政情報となります。ただし、廃棄手続が取られたうえで、何人もアクセスできないよう厳重に包装封印された文書は、組織共用文書に当たらないとする答申例もあります（平成13年度（行情）答申第8号答申・判決データベース）。

6 対象文書から除外されるもの

組織的に用いている文書であっても、そもそも公開請求を行わなくても見ることができる、あるいは入手することができる文書は情報公開請求制度の対象とする必要がありません。例えば、官報、白書、新聞、市販の書籍等は、書店で購入し又は公共図書館等の施設を利用することなどにより、一般にその内容を容易に知り得るものです。また、自治体の広報用資料等についても、その資料が役所の窓口に備え置かれています。そのため、このような文書については、情報公開制度の対象外とされているのが一般的です。

また、公文書館、博物館、国立大学等において、歴史的・文化的な資料として又は学術研究用の資料としての価値があるために特別に保有されているものもあります。このような文書も、できるだけ一般に公開されるべきです。しかし、そのような貴重な資料の公開

図表２―８　公開制度の対象とならない文書

については、文書の保存、学術研究への寄与等の観点からそれぞれ定められた公開範囲、手続等の基準に従った利用に委ねるべきであり、一般の情報公開制度の対象とすることは適当ではないと考えられています。そのため歴史的、文化的な資料又は学術研究用の資料として管理されている文書なども対象文書から除外されるのが一般的です。

先ほど説明した東京都情報公開条例2条2項ただし書で公文書から除かれていた「一 官報、公報、白書、新聞、雑誌、書籍その他不特定多数の者に販売することを目的として発行されるもの 二 東京都公文書等の管理に関する条例（略）第2条第4項に規定する特定歴史公文書等 三 東京都規則で定める都の機関等において、歴史的若しくは文化的な資料又は学術研究用の資料として特別の管理がされているもの」などがこれらの例です（図表2―8）。

7 記録媒体

次にどのような媒体で保存されているものが情報公開制度の対象になるかという問題です。この点について、かつての情報公開の対象については紙媒体のみと考えられていました。そのために、公文書公開条例という題名で情報公開制度に関する条例を制定している自治体もあります（市川市、関市等）。しかし、近年では情報化の進展に伴って、一般的な紙文書に限らず、磁気テープや磁気ディスクといった媒体も情報公開制度の対象にする必要があります。そのため、各自治体の条例では対象文書の定義として「実施機関の職員が職務上作成し、又は取得した文書、図画及び電磁的記録（電子的方式、磁気的方式その他人の知覚によっては認識することができない方式で作られた記録をいう。）」などと規定し、紙に記録された文書のみならず、フィルム、磁気テープ、磁気ディスク、光ディスク等も公開対象とするのが一般的です。さらに、自治体によっては、電磁的記録を含むことを意識して、従来の「公文書」や「行政文書」という表現ではなく、「行政情報」と規定している自治体も多くなっています。

電磁的記録に関しては、録音テープについて公開請求が争われた判例があります。住民が行った町議会の議事内容を収録した録音テープの公開請求に対して、実施機関が「この録音テープは情報公開の対象となる情報には当たらない」として公開請求に対する却下処分を行った事案です。この却下処分の取消しを求めた事案の上告審において最高裁は、「会議録が作成され決裁等の手続が終了した後は、本件テープは、実施機関たる被上告人において管理しているものである限り、公開の対象となり」得るとしています。（最判平成16年11月18日裁判集民215号625頁）。

また、司法試験委員会会議の議事要旨の起案を命ぜられた事務取扱者が、議事要旨の作成の用に供するために録音したミニディスクについて「会議の議事要旨の作成・公開という業務に必要なものとして、同委員会の庶務担当部署である人事課において利用及び保存される電磁的記録であり、情報公開法における行政文書の要件である「組織的に用いる」ものに該当する」とした事案もあります（東京地判平成19年3月15日裁判所ウェブサイト）。

8　電子メールは情報公開の対象となるか？

職員が日常的に電子メールを活用するようになってきており、電子メールが情報公開の対象となるかについても問題になっています。この点については、「組織共用として収受処理がされていない受信メールや起案など内部事務処理手続に基づいて送信されていない送信メールが、サーバーに保存されていても組織共用文書に当たらない」という答申（岡山市情報公開及び個人情報保護審査会平成18年10月27日答申第48号）や電子メールに添付されたファイルを取り出して共用ドライブに整理した時点で、当該行政機関の職員が組織的に用いるものとして、当該行政機関が保有する行政文書となるとする裁判例（大阪高判平成18年2月14日答申・判決データベース）などがあります。

また、大阪高判平成29年9月22日（判時２３７９号15頁。最決平成30年11月20日不受理で確定）は、「大阪市長がある職員に対してメールで職務上の指示又は意見表明をし、これを受けた職員がそのメールを転送するのではなく、その内容を敷衍して関係職員にメールで送信する場合、大阪市長からの一対一メールを受けていた上記職員が関係職員からの報告等を受けて大阪市長に一対一メールで報告する場合などもあると考えられ、このような場合においては、大阪市長と職員との間でやり取りされた一対一メール」は、実施機関の組織において業務上必要なものとして利用又は保存されている状態であり、組織供用文書に当たるとしています。

コラム

最高裁判決と下級審判決

最高裁判所の法令解釈に関する判例を変更するには必ず15人の最高裁判事全員で構成される大法廷で審理し、その過半数が賛成する必要があります（裁判所法10条3号・77条1項）。このように判例変更に厳格な手続を要求する裁判所法の規定により、最高裁判例は安定性が担保されており、判例法として機能します。

一方、高等裁判所以下の下級審の判決には最高裁判決のような安定性がなく、直ちには先例としての意義を持ちません。しかし、下級審が法令判断を示した法令分野のうち、最高裁がいまだ判断を下していない分野については、その法令分野につき下級審の判決のみ存在することになります。このような場合には、下級審判決も、先例として一定の意味を持つことになります。

なお、最高裁判例のことは、狭い意味で「判例」といわれます。下級審判決は、最高裁判例と区別する意味で、「裁判例」と呼ばれています。

第3章

行政情報の非公開

1　非公開事由の範囲

情報公開制度では、公開請求があった文書については原則的に公開とし、法律や条例において例外的に規定された事由（非公開事由）に該当する場合に限って非公開とすることとされています（図表3―1）。自治体の情報公開条例における非公開事由の類型として、一般的に①法令秘情報、②個人情報、③法人等情報、④公共の安全等に関する情報、⑤審議、検討又は協議に関する情報、⑥事務又は事業に関する情報、⑦協力関係・信頼関係情報などが規定されています。

非公開事由に関する規定は、「原則公開の理念」の例外となるものなので、できる限り限定的に規定されるべきです。また、条文の解釈や適用に当たってもできる限り限定的に行わなければなりません。なお、公開請求に対する決定は、行政手続条例に規定する申請に対する処分に該当するため、行政手続条例の規定に基づき、あらかじめ公開・非公開の基準を審査基準として定め、公表しておかなければなりません。さらに、非公開決定、部分公開決定を行う際には、通知書に非公開または部分公開とした理由を附記しなければな

行政文書	
原則公開 （非公開事由に該当しない限り公開しなければならない。）	例外的に非公開 非公開事由（①法令秘、②個人情報、③法人等情報、④公共の安全等に関する情報、⑤審議、検討又は協議に関する情報、⑥事務又は事業に関する情報、⑦協力関係・信頼関係情報など）に該当する場合

図表３—１　行政文書における公開・非公開の関係

らないとされています。非公開決定等が訴訟で争われた場合に、対象となった文書や情報が非公開事由に該当するかどうかの主張・立証責任については、明文はないものの、実施機関の側にあるという判断が示されています（大阪府水道事件。最判平成6年2月8日民集48巻2号255頁）。このため、実施機関としては、非公開決定、部分公開決定を行う際には、明確な根拠が求められます。

2　非公開事由の法的性格

各自治体の条例で規定されている非公開事由の法的性質については、２つの考え方があります。まずひとつ目は、情報公開法や条例で定めている非公開事由に該当する場合には、実施機関は当該文書を公開することが禁止されると解する考え方です。情報公開法7条「行政機関の長は、開

行政文書	非公開情報
原則として公開が義務付けられる。	非公開が義務付けられる。 ➡ 裁量的公開 非公開義務が解除される。

裁量的公開制度を前提とすると、非公開情報については非公開とする義務があり、裁量的公開の場合にはその義務が解除されると考える。

図表３―２　非公開事由該当により公開が禁止されるとする説

示請求に係る行政文書に不開示事由が記録されている場合であっても、公益上特に必要があると認めるとき」には例外的に公開することができる旨を規定しています。このことからすれば、非公開情報の公開は禁止されているという構造になっているとされています（図表３―２）（宇賀克也『新・情報公開法の逐条解説〔第８版〕』（有斐閣、２０１８年）〈以下「宇賀情報公開逐条」といいます。〉69頁）。また、「情報公開法要綱案の考え方」でも同様に「不開示情報は、開示されないことの利益を保護しようとするものであるから、開示請求に係る行政文書に不開示情報が記録されているときは、行政機関の長は開示請求に対して開示してはならないことになる」としています。筆者は、非公開情報が公開されることによって失われた利益の回復が困難であることを重視し、この見解が妥当であると考えます。

行政文書	非公開情報
原則として公開が義務付けられる。	➡公開義務が解除される。

行政文書は、原則的に公開義務があることら、非公開情報はその義務が解除されると考える。

図表3―3　非公開事由該当により公開義務が解除されるとする説

もうひとつは、非公開事由に該当する場合には、実施機関は当該文書について公開義務が解除されるとする考え方です（図表3―3）。条文上はあくまで一定の情報を「除き」公開しなければならないとするものであり、条文を素直に読めば、各号によって「除かれた」情報は、「開示しなければならない」わけではなくなる、つまり、非公開情報は、公開義務が解除されたと解するものです（松井茂記『情報公開法〔第2版〕』（有斐閣、2003年）129頁）。

それぞれ、前説は裁量的公開について「非公開義務が解除される」のに対して、後説は行政文書の原則公開との関係から「公開義務が解除される」というように、どの点を基準におき考えるかにより法解釈が異なることになります。

3　非公開事由の具体的内容

それでは、情報公開法や条例で規定している非公開事由を順に見ていきましょう。なお、それぞれの非公開事由について条文を踏まえて具体的に考えるために、情報公開法やいくつかの自治体の情報公開条例の条文を例として挙げることにします。

(1)　法令秘情報及び国の指示による非公開情報～非公開事由その1

■東京都情報公開条例

（公文書の開示義務）

第7条　（略）

一　法令及び条例（略）の定めるところ又は実施機関が法律若しくはこれに基づく政令により従う義務を有する国の行政機関（略）の指示等により、公にすることができないと認められる情報

①　法令秘情報

法令又は他の条例等の規定により公にすることが禁止されている情報については、公開請求によっても公開を求めることができません。こうした情報を法令秘情報といいます。国の情報公開制度では、法令上秘密とすべき情報等に関しては、各個別法で情報公開法の適用除外を規定していることから、情報公開法では、非公開事由として法令秘情報を規定していません。例えば、戸籍法128条では「戸籍及び除かれた戸籍の副本並びに第48条第2項に規定する書類（筆者注・届書その他市町村長の受理した書類）については、行政機関の保有する情報の公開に関する法律（略）の規定は、適用しない」としています。

自治体の情報公開条例においては、このように個別法により情報公開条例が適用除外とされていないため、法令又は条例の規定により公にすることができないとされている情報、いわゆる「法令秘情報」は非公開とする旨が規定されています。なお、この法令秘情報に該当する行政情報は、法令において公開することができないものと規定されているため、公益上の理由による裁量的公開（138頁参照）により公開することもできません。

「法令」とは、法律と政令、府令、省令、その他国の行政機関が定めた命令をいいます。なお、福井地判令和1年6月12日（判自453号28頁）は、市議会の会議規則に関しては、「法令にも条例にも当たらない」ため、この規定の適用、準用はなく非公開とするとはできないとしています。

この法令秘情報については、地方税に関する調査に関する事務に従事している者又は従事していた者が、その事務に関して知り得た秘密（地方税法22条）や住民基本台帳に関する調査に関する事務に従事している者又は従事していた者が、その事務に関して知り得た秘密（住民基本台帳法35条）などのように、法令等の規定で明らかに公開することができない旨が定められている文書はもちろんですが、その他にも、法令等の趣旨、目的から公開をすることができないと認められる情報を含むものと考えられます。

裁判例でも、東京都の都市計画に関して行われた住民投票における投票用紙の公開請求に対して、当該文書を公開しない旨の決定がされたことから、その非公開決定の取消し等を求めた事案について、次のような判断が示されています（東京地判平成26年9月5日裁判所ウェブサイト）。この判決では、小平市情報公開条例7条1号に非公開情報として規定する「法令等の定めるところにより、公にすることができないと認められる情報」とは、①法令等の規定が公にすることを明らかに禁止している場合、②法令等の趣旨及び目的から当然に公にすることができないと認められる場合等をいうという基準を示したのち、本件住民投票条例では、住民投票が成立しない場合は開票を行わない旨及び投票は秘密投票とする旨を定めており、これを受けて投票が有効であるか否かを問わず住民投票の全般にわたって投票の秘密を確保しようとしている条例及び施行規則の規定は、少なくとも住民投票が不成立となって開票が行われない場合においては、原則としてこれを公にしないものとすることをその趣旨及び目的とするものというべきであり、各投票用紙に記録されている情報は、情報公開条例の非公開事由に該当するとしました。

② 国の指示による非公開情報

「国の機関などの指示により、公にすることができないと認められる情報」とは、地方自治法（以下「自治法」といいます。）の規定により国の行政機関が行う「関与」のうち、法律又は政令の規定によって実施機関が従う義務を有する国の機関の指示等により公開することができない情報をいいます。この国の機関の指示等については、明確なものに限定するため、国の機関の権限を有する者が、自治体の事務の処理に関し法律又はこれに基づく政令の明文規定により、文書をもって発したものであること、さらに非公開とする情報が具体的に特定されるものであることが必要と解するべきです。なお、国の機関の指示とは、法定受託事務における各大臣からの指示（自治法２４５条の７）等のように実施機関が法律上従う義務を負う法的拘束力のあるものをいいます。

判例や裁判例としては次のようなものがあります。

ア　政治団体から提出された収支報告書に対する公開請求について、収支報告書の写しの交付をしてはならない旨の国からの「明示の指示」があることから、大阪府選挙管理委員会が非公開決定をしました。この取消しを求めた上告審は「機関委任事務の主務大臣である自治大臣から代理権を授与された自治省選挙部政治資金課長により上告人に対して発せられたものであり、その体裁の当否はさておき、その内容において明確さを欠くとはいえないから、その送付は、本件条例9条3号にいう『主務大臣等から公にしてはならない旨の明示の指示』に当たるものというべきである」と判示しました（最判平成7年2月24民集49巻2号517頁）。

イ　宗教法人の代表役員名簿、責任役員名簿及び財産目録、通常会計収支計算書の公開請求に関して、公知の事項を除き、原則として非公開の取扱いをするようにとの通知に基づき部分公開決定をしました。この取消しを求めた訴訟において、本件通知は「『実施機関が従わなければならない各大臣等の指示その他これに類する行為』に該当する。本件通知は、登記事項等の公知の事項を除き、原則として非公開の取扱いをするものとしているところ、本件文書は、いずれも一般に公開されていない非公知の事項であり、本件において、本件文書を例外的に公開すべき特段の事情を認めるに足りる証拠はない。したがって、本件文書は、実施機関が従わなければならない各大臣等の指示その他これに類する行為により公にすることができない情報と認められ」ると判示しました（広島高判松江支部平成18年10月11日判時１９８３号68頁）。

(2) 個人に関する情報～非公開事由その2

非公開事由の中でも特に重要なのが、第三者の個人情報です。情報公開制度による情報公開によって第三者のプライバシーを不当に侵害するようなことがないように、慎重な判断が必要です。ただし、一言でプライバシーといっても、その具体的な内容は必ずしも明確ではありません。そのために、情報公開法や各自治体の条例では、特定の個人が識別される情報（個人識別情報）を非公開とすることが規定されています。

情報公開制度において、行政情報は「原則公開」という理念の下で可能な限り公開しなければなりません。しかし、行政情報に第三者の個人情報などが含まれる場合には、個人情報の保護も考えなければなりません（図表3―2）。そこで、情報公開法や各自治体の情報公開条例は、非公開事由を規定することによって、個人情報の保護と行政情報の公開のバランスを図っているのです。公開情報と非公開情報とをいかに適正に判断して、公開

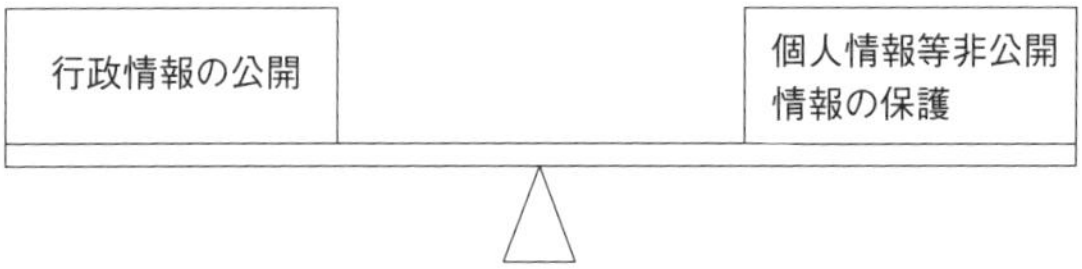

「行政情報の公開」と「個人情報等非公開情報の保護」とのバランスを図ることが大切です。

図表3―2　行政情報公開と非公開情報保護のバランス

決定を行うかが自治体職員にとって最も重要であるといっても過言ではありません。

①　個人識別情報型とプライバシー保護型

情報公開条例における個人情報の規定については、2つの形式があります。まず、「特定の個人が識別され、又は識別され得る」（個人識別）情報を個人情報として規定して、非公開とする「個人識別情報型」があります。情報公開法をはじめ多くの自治体の情報公開条例でも採用されているのが、この個人識別情報型です。非公開となる個人情報の判断が明確であるというメリットはありますが、個人識別情報に該当するのみで非公開になるため、公開されない場合が多くなるというデメリットが指摘されています。

もうひとつの規定方法として、「特定の個人が識別され得るもののうち、通常他人に知られたくないと認められるもの」を個人情報として非公開とする「プライバシー保護型」があります。このプライバシー保護型については、個人識別情報であってもプライバシーが侵害されない場合には公開されることもあるため、個人情報として非公開になるものの範囲が過度に広くなりすぎないというメリットがあります。一方、「通常他人に知られたくないと認められるもの」の範囲が不明確であるという点が運用上の課題となります。

神戸地判平成29年1月19日（裁判所ウェブサイト）は、「通常他人に知られたくないと望むことが正当であると認められる個人に関する情報で、特定の個人が識別されうるもの」を非公開と規定する西宮市情報公開条例6条2号に関して、「通常他人に知られたくないと望むことが正当であると認められる情報とは、社会通念に照らして、個人に関する情報のうち、性質上公開に親しまないような個人情報をいう」とした上で、職員採用試験の成績公開請求に関して、特殊な方法による試験であり点数を公開しても点数の意味を判定することはできないため、試験点数情報が社会通念上公開を欲しない事柄であるとはいえないとしています。この事例のように社会通念という曖昧な判断基準によらざるを得ない場合があります。

また、プライバシー保護型の名古屋市情報公開条例に関する判例では、「私事に関する情報のうち性質上公開に親しまないような個人情報が記録されている公文書の公開をしないことができるとしているものと解される」とした上で、土地開発公社が市の委託により先行取得した土地の取得価格ついては、「公社が個人から取得した土地の取得価格に関する情報であり」、「個人の所得又は財産に関する情報であって、特定の個人が識別され得るものであるということができる」とするものの、「一般人であればおおよその見当をつけることができる一定の範囲内の客観的な価格であるということができる」ことから「取得価格をもって公社に土地を買収されたことは、個人地権者にとって、私事としての性質が強いものではなく」、「性質上公開に親しまないような個人情報であるということはできない」として、個人情報ではあるものの公開しても本人の不利益にはならないとして公開すべきとする判断を示しました（最判平成17年7月15日裁判集民217号523頁）。

□情報公開法（個人識別情報型）

（行政文書の開示義務）

第5条　（略）

一　個人に関する情報（事業を営む個人の当該事業に関する情報を除く。）であって、当該情報に含まれる氏名、生年月日その他の記述等により特定の個人を識別することができるもの（他の情報と照合することにより、特定の個人を識別することができることとなるものを含む。）又は特定の個人を識別することはできないが、公にすることにより、なお個人の権利利益を害するおそれがあるもの。

■名古屋市情報公開条例（プライバシー保護型）

（行政文書の公開の義務）
第7条（略）
一 個人の意識、信条、身体的特徴、健康状態、職業、経歴、成績、家庭状況、所得、財産、社会活動等に関する情報（事業を営む個人の当該事業に関する情報を除く。）であって、特定の個人を識別することができるもの（他の情報と照合することにより、特定の個人を識別することができることとなるものを含む。）のうち通常他人に知られたくないと認められるもの又は特定の個人を識別することはできないが、公にすることにより、なお個人の権利利益を害するおそれがあるもの。（略）

② 個人情報の意義

「個人識別情報型」、「プライバシー保護型」のいずれの条例においても、まず個人情報の意味を明らかにしなければなりません。個人情報は、一般的に、個人の思想、信条、身分、地位、健康状態その他一切の個人に関する情報が含まれます。あるいは、個人に関する情報全般を意味するなどとされています。また、最高裁の判決では、「個人の思想、信条、健康状態、所得、学歴、家族構成、住所等の私事に関する情報に限定されるものではなく、個人にかかわりのある情報であれば、原則として（略）『個人に関する情報』」に当たるとされています（最判平成15年11月11日民集57巻10号1387頁）。

③　個人識別情報型における文言説と限定説

個人識別情報型の情報公開条例において個人識別情報は、原則として非公開とされています。しかし、個人識別情報のすべてが実質的な意味でプライバシーの保護にかかわるわけではなく、個人識別情報を公開しても本人の不利益にならないためプライバシーを侵害しない場合もあります。そのような場合にまで、個人識別情報であるとして非公開として扱うべきかという点で見解が分かれています。

個人識別情報型の条例について、個人が識別されれば、ただし書所定の例外事由に当たらない限りすべて非公開とする説（文言説・形式説）と、個人が識別される情報であっても、実質的にプライバシーを侵害しない場合には、非公開情報に該当しないとする説（限

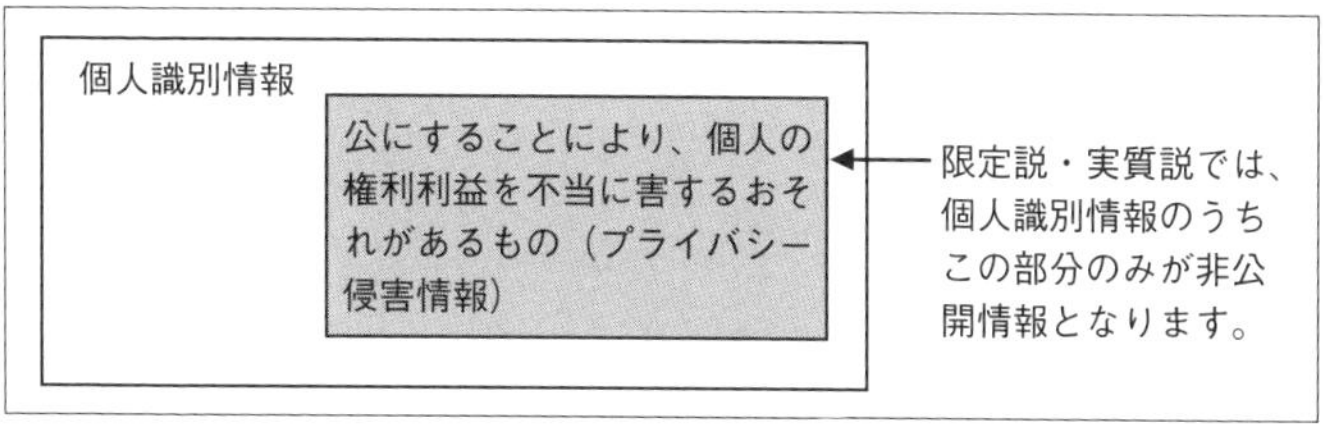
個人識別情報
公にすることにより、個人の権利利益を不当に害するおそれがあるもの（プライバシー侵害情報）
限定説・実質説では、個人識別情報のうちこの部分のみが非公開情報となります。

図表３—３　限定説・実質説の考え方

定説・実質説）とがあります（図表3—3）。

最高裁は、次のように文言説を採用しています。被上告人らが、大阪市公文書公開条例に基づき食糧費の支出関係文書の公開を請求したところ、上告人である大阪市が、同請求に係る行政情報を全部非公開とする決定をしたため、被上告人らがその取消しを求めた事案で、本件条例6条2号にいう「『個人に関する情報』については、『事業を営む個人の当該事業に関する情報』が除外されている以外には文言上何ら限定されていないから、（略）個人にかかわりのある情報であれば、原則として同号にいう『個人に関する情報』に当たると解するのが相当である」として個人の権利利益の侵害等を問わない旨を示しています（最判平成15年11月11日民集57巻10号１３８７頁）。

このように最高裁は文言説を採用していますが、地裁レベルでは「個人の正当な利益とは無関係に、単に『組織体の構成員としての個人の活動に関する情報』も形式的に『個人に関する情報』に含まれると解するのは相当ではなく、関係する組織の役割、目的、内容、構成員と組織の関係、構成員間の人的関係等の諸要素を検討した上で、個人の正当な権利利益の保護の必要性の有無や、個人の私的生活における私的事項についての利益が侵害されるおそれがないかなど、いわゆるプライバシー権の内容についても検討し、その結果、形式的には個人識別情報といえても、個人としての私的領域における私的な権利、正当な権利が害されるおそれがあると評価できない場合は、そもそも『個人に関する情報』として不開示にすべき理由も必要もないというべきである」とする裁判例もあります（高松地判平成16年4月26日裁判所ウェブサイト）。

条例の規定は「個人識別情報型」でありながら、この裁判例のように限定説・実質説の立場に立つと、「プライバシー保護型」の条例と実質的には同様の結論になってしまいます（図表3―4）。そのため、この限定説・実質説は「個人識別情報型」の条例の解釈上無理があるのではないかと思います。皆さんは、最高裁判決に基づいて文言説を理解しておくべきでしょう。

④　本人自身による個人情報の公開請求

公開請求の対象である行政文書に公開請求者本人の個人情報が含まれる場合、その個人

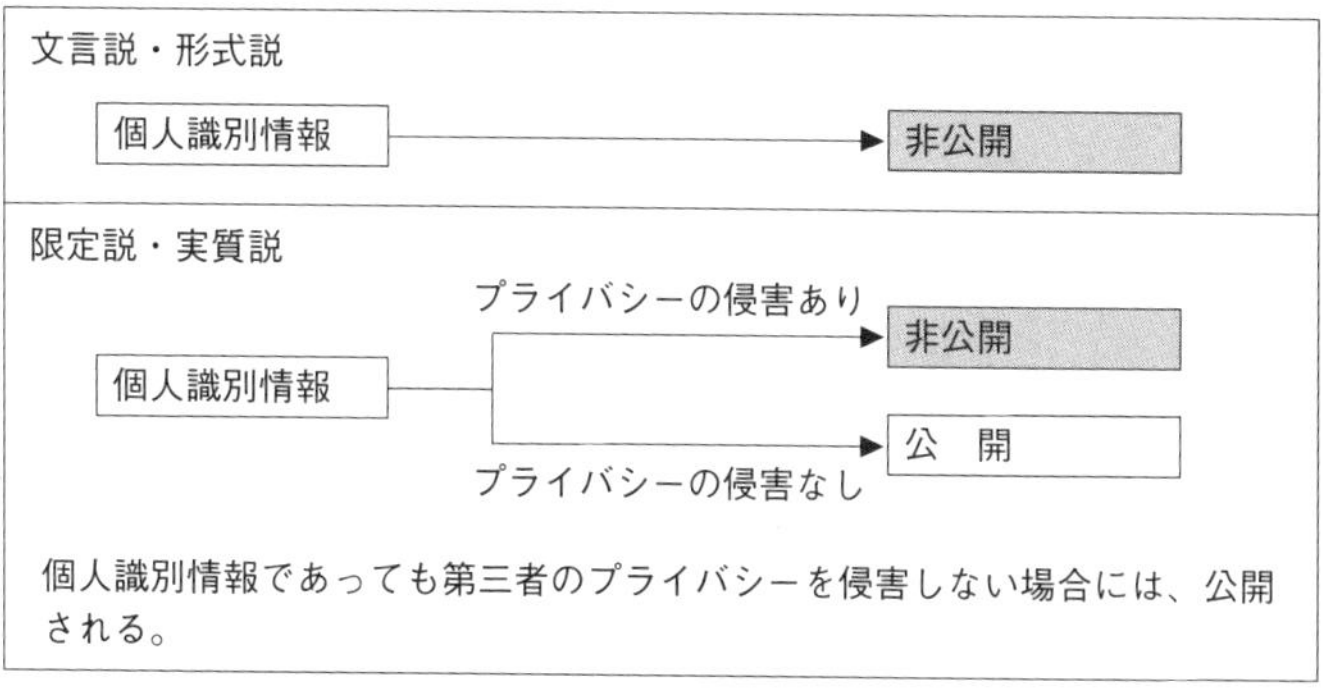

図表３―４　文言説と限定説との比較

情報を公開すべきかという点が問題となります。

この点に関して、最判平成13年12月18日（最高裁判所民事判例集55巻７号１６０３頁）は、個人情報保護条例が制定されていない状況において個人情報を本人か公開請求した事案において「当該個人の権利利益が害されるおそれはなく、当該請求に限っては同号により非公開とすべき理由がないものということができる」としています。しかし、その後、名古屋高判平成15年５月８日判決（裁判所ウェブサイト）では、「情報公開法５条１号本文前段は、その文言上、特定の個人の権利利益が現実に害されることと又はそのおそれがあることを不開示の要件として規定せず、特定の個人を識別することができる情報は原則として不開示とする立場を取っていることが明らかであるから、本人による自己情報の開示請求のように、現実には個人のプライバシーを侵害するおそれを想定し難い場合であっても、それが個人識別情報に該当する以上、原則として不開示とすることとしたのが情報公開法の趣旨であると解さざるを得ない」としています。

最高裁と名古屋高裁のこの判断の違いは、最高裁の事案がプライバシー保護型の兵庫県情報公開条例に関する判断であり、名古屋高裁の事案は個人識別型の情報公開法に関する判断であったことによる違いだと考えられます。

つまり個人識別型の情報公開法においては、本人がプライバシーを放棄する旨を表明しても、個人が識別される限りは非公開になります。この点に関する判例として、東京地判平成28年12月20日は、学校法人が公開請求した文書に当該法人の事務長その他の本件関係者氏名が記載されていた事案において、氏名が記載されている者が当該氏名が公開されることについて承諾書を提出している場合であっても「個人識別情報は、当該個人が公開に承諾しているかどうかにかかわらず、非公開情報とすべきものと解する」としています。

一方、プライバシー保護型の場合には、本人に対して自己情報を公開したとしてもプライバシーの侵害にはならないため、公開されるという判断につながります。

⑤　事業を営む個人に関する情報

情報公開法や情報公開条例では個人情報について「個人に関する情報（事業を営む個人の当該事業に関する情報を除く。）」と規定されています。これは、事業を営む個人の当該事業に関する情報については、個人情報であっても、その情報の性質上、個人のプライバシーの問題として考えるよりも、法人等の事業活動情報と同様の公開・非公開の基準によることが適当だと考えるものです。そのため、個人情報としてではなく、法人に関する非公開事由と併せて規定されています。

つまり、事業を営む個人の当該事業に関する情報については、個人識別情報であっても直ちに非公開とされるものではなく、後で説明するように法人情報と同様に「公にすることにより、当該法人等又は当該個人の権利、競争上の地位その他正当な利益を害するおそれがあるもの」等に限って非公開とされることになります。

⑥　モザイク・アプローチ

情報公開法5条1号では「他の情報と照合することにより、特定の個人を識別することができることとなるもの」を含んで「個人に関する情報」と規定しています。このような規定の仕方をモザイク・アプローチ（mosaic approach）といいます（図表3―5）。モザイクは、小片を寄せ合わせ埋め込んで、絵（図像）や模様を表す装飾美術の手法のこと

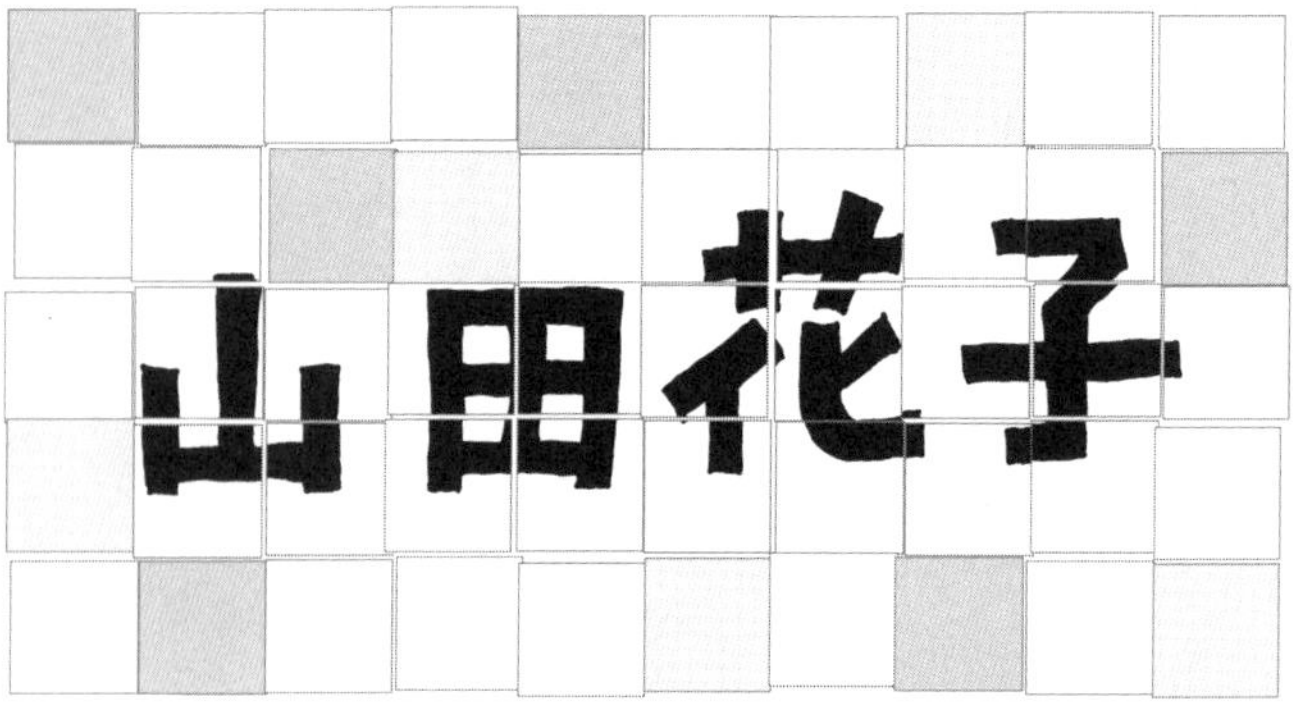

小片の１つひとつでは判別できませんが、その小片を寄せ集めることで山田花子さんの個人情報が浮かび上がってきます。

図表３—５　モザイク・アプローチのイメージ

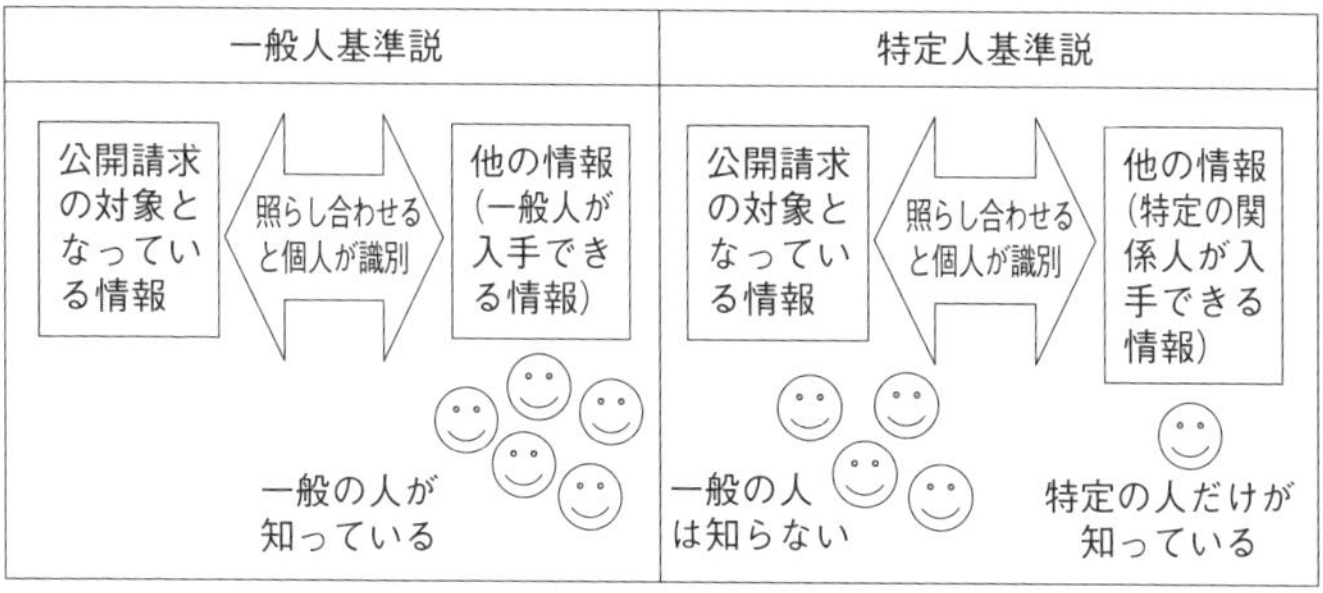

図表３―６　モザイク・アプローチにおける一般人基準説と特定人基準説

ですが、情報の小片を集めることで特定の個人の情報を形作るという意味でモザイク・アプローチといわれているのです。

モザイク・アプローチでは、照合する「他の情報」をどのように解するかについて、一般人基準説と特定人基準説とに見解が分かれています（図表３―６）。

まず、一般人基準説では、「他の情報」を一般的な住民が広く入手しうる情報のみを意味すると解します。この「一般人基準説」が有力説であるとされています。例えば、原告が情報公開法に基づき「障害者雇入れ計画の実施状況報告書」の公開請求をしたところ、東京労働局長である被告がその一部を非公開とする旨の決定をしたことに対して取消しを求めた事案があります。この事案において、障害者を雇用する会社等の同僚であれば知りえる情報と請求対象文書とを照らし合わせると特定の個人が識別できるとする被告労働局長側の主張を受けて、判決は「一般人が容易に入手し得る情報と組み合わせると特定の個人が識別され得る場合には、本来の個人識別情報と同様に取り扱わざるを得ないという趣旨に解するのが相当である」との判断を示しました（東京地判平成15年5月16日裁判所ウェブサイト）。

一方、特定人基準説では、「他の情報」について、一般的な住民が入手できるものではないが特定の関係人であれば入手できる情報も含むと解します。この特定人基準を用いた場合は、非公開とすべき範囲が広くなりすぎ、情報公開法の原則に反することにもなりかねないという批判があります。例えば、原告が実施機関に対し、情報公開法に基づき、大阪労働局管内の各労働基準監督署長が行った特定の疾患に係る労災補償給付の処理経過簿の一部の公開を請求したところ、実施機関が本件文書の一部は情報公開法5条1号の非公開事由に該当するとして、公開請求に係る行政文書の一部を公開しない旨の決定をしたため、原告が本件決定の一部が違法であるとしてその取消しを求めた事案があります。判決は、「情報公開法が個人情報の保護に万全を期していることに鑑みれば、特定範疇の者にとって容易に入手しうる情報も、情報公開法5条1号にいう『他の情報』に当たると解すべきである。情報公開法は何人にも開示請求権を認めており、当該特定範疇の者が開示請求をする可能性もあり、このような特定範疇の者との関係で個人情報が保護されなくてもよいとはいえないからである」としました（大阪高判平成24年11月29日判時2185号49頁）。

なお、東京高判令和1年5月16日（判例集未掲載）は、「他の情報と照合することにより、特定の個人を識別することができることとなるものを含む」という規定がなく、単に「個人に関する情報で特定の個人が識別され得るもの」と規定する板橋区情報公開条例に関する事案ですが、モザイク・アプローチについて「『特定の個人が識別され得る』情報とは、当該情報単独で特定の個人を識別することができるものに限られず、他の情報と照合することにより、特定の個人を識別することができることとなるものも含むと解される」としています。その上で、照合する他の情報に関しては「余りにも特殊な立場にある者が入手し得る情報までを上記照合の対象とすることは、制度趣旨に反するものであって相当でないし、個人を識別できる可能性が抽象的には存在しても、具体的な可能性として認められない場合」には、特定の個人が識別され得るものとはいえないとしています。

⑦ 個人識別情報以外の個人の権利利益を害するおそれがある情報

情報公開法では、個人識別情報でなくても、「公にすることにより、なお個人の権利利

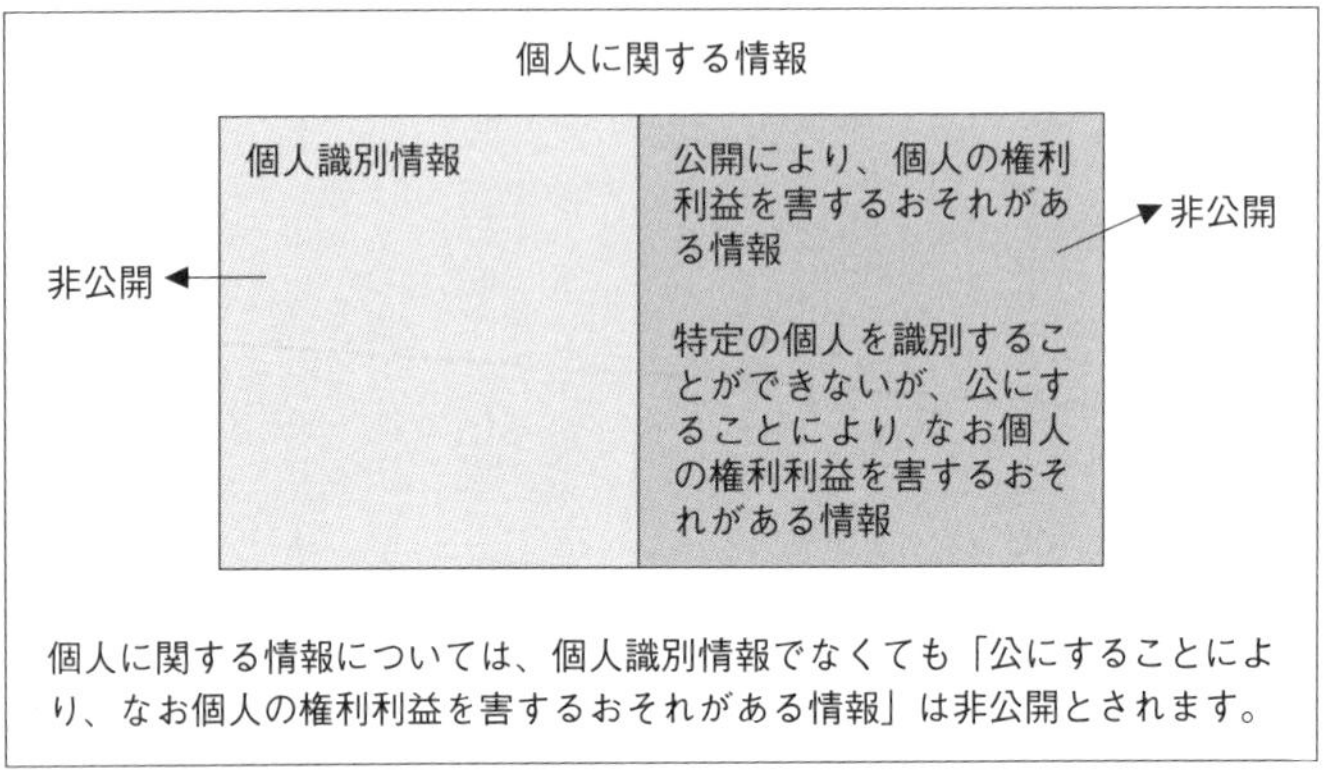

個人に関する情報
個人識別情報
公開により、個人の権利利益を害するおそれがある情報
特定の個人を識別することができないが、公にすることにより、なお個人の権利利益を害するおそれがある情報
非公開
非公開
個人に関する情報については、個人識別情報でなくても「公にすることにより、なお個人の権利利益を害するおそれがある情報」は非公開とされます。

図表３―７　個人に関する情報における非公開情報（個人情報識別型）

益を害するおそれがある」情報も非公開情報として規定されています（情報公開法5条1号後段）（図表3―7）。これは、特定の個人を識別できない個人情報であっても、個人の人格と密接に関連したり、公にすれば財産権その他の個人の正当な利益を害するおそれがあると認められるものをいいます。例えば、匿名の作文や、無記名の個人の著作物のように、個人の人格と密接に関連したりするものなどがこの情報に当たるものとされています（総務省『詳解情報公開法』48頁）。

ただし、このような情報の範囲は不明確なため、この条項の適用については慎重に検討する必要があります。ここでも「原則公開」を忘れてはなりません。

この規定を適用した裁判例としては、次のようなものがあります。事例としては、高等専門学校内に設けられたセクシュアル・ハラスメント調査委員会が、学内で発生したとされるセクシュアル・ハラスメント事件に関して作成した「セクシュアル・ハラスメント調査委員会調査結果報告書」の公開請求に対する非公開決定について、その処分の取消しを求めたものです。判決は、文書には被害学生の相談内容や、被疑教官がどのような行為を行ったのか等通常他人にみだりに知られたくない個人のプライバシーに属する情報が記載されているため、当該情報に含まれているプライバシーの帰属主体（個人）を、一定の特定集団のみが識別できるとしても、このような情報が開示されることによって当該個人の権利利益を侵害するおそれがあることは否定できないとしました。また、仮にその帰属主体（個人）が識別される可能性が存在しなくとも、このような人格的利益に直結する情報が当該個人の意思と無関係に開示されることに当該個人が不快の念を抱くことは自然なことであり、このような個人の感情は法的にも十分な配慮を要するものというべきであって、このような配慮を要する利益が侵害される可能性がある場合には、これを個人利益侵害情報（筆者注：特定の個人を識別することはできないが、公開することにより、なお個人の権利利益を害するおそれがあるもの）に該当するものと解するのが相当であると判示しています（長崎地判平成18年2月21日答申・判決データベース）。

また、大阪高判令和1年5月16日（判例タイムズ1469号85頁）は、高槻市消防長に対する救急活動記録票の公開請求に関して、「一般に、病気の種別や受診の事実は、個人の身体に関わる重大な私的情報であり、個人の人格とも密接に関連するものというべきである。そして、これらの情報（例えば、精神科及び心療内科のみを診療科目とする病院を受診したという情報）は、個人に関する情報の中でも秘匿性が極めて高いものであり、他人に知られたくないと考えるのが通常であって、その期待は保護に値するものである。」として、「「搬送先」欄に記録された情報は、個人の人格と密接に関連し、又は公にすれば個人の正当な利益を害するおそれがあると認められるものであり、利益侵害情報に当たる」としています。

⑧　例外的公開情報

個人情報であっても公益的な理由等から、義務的に公開しなければならない情報もあります。例えば、情報公開法5条1号では、個人情報であっても「イ　法令の規定により又は慣行として公にされ、又は公にすることが予定されている情報」、「ロ　人の生命、健康、生活又は財産を保護するため、公にすることが必要であると認められる情報」、「ハ　当該個人が公務員等である場合において、当該情報がその職務の遂行に係る情報であるときは、当該情報のうち、当該公務員等の職及び当該職務遂行の内容に係る部分」については公開されることとされています。また、自治体の情報公開条例でも同様の規定がなされているのが一般的です（図表3―8）。

〈法令の規定又は慣行により公にされている情報〉

法令の規定により公にされている情報や慣行として公にされている情報は、情報公開制度にかかわりなく公表されている情報です。そのため、個人識別情報であっても公開によって個人のプライバシーを害することはないものとして、例外的に公開すべき情報とされています。

「法令の規定」とは、何人に対しても等しく情報を公開することを定めている規定のことをいい（総務省『詳解情報公開法』48頁）、自治体の内部規定である訓令や要綱は除外されます。例えば、登記簿に記録されている法人の役員等に関する情報や不動産の権利関係に関しては、商業登記法、不動産登記法において写し等の交付を求めることができることとされていますが、このようなものが法令の規定に当たるものとされます。

ここで問題となるのが、判決等の閲覧制度です。憲法82条1項では、「裁判の対審及び

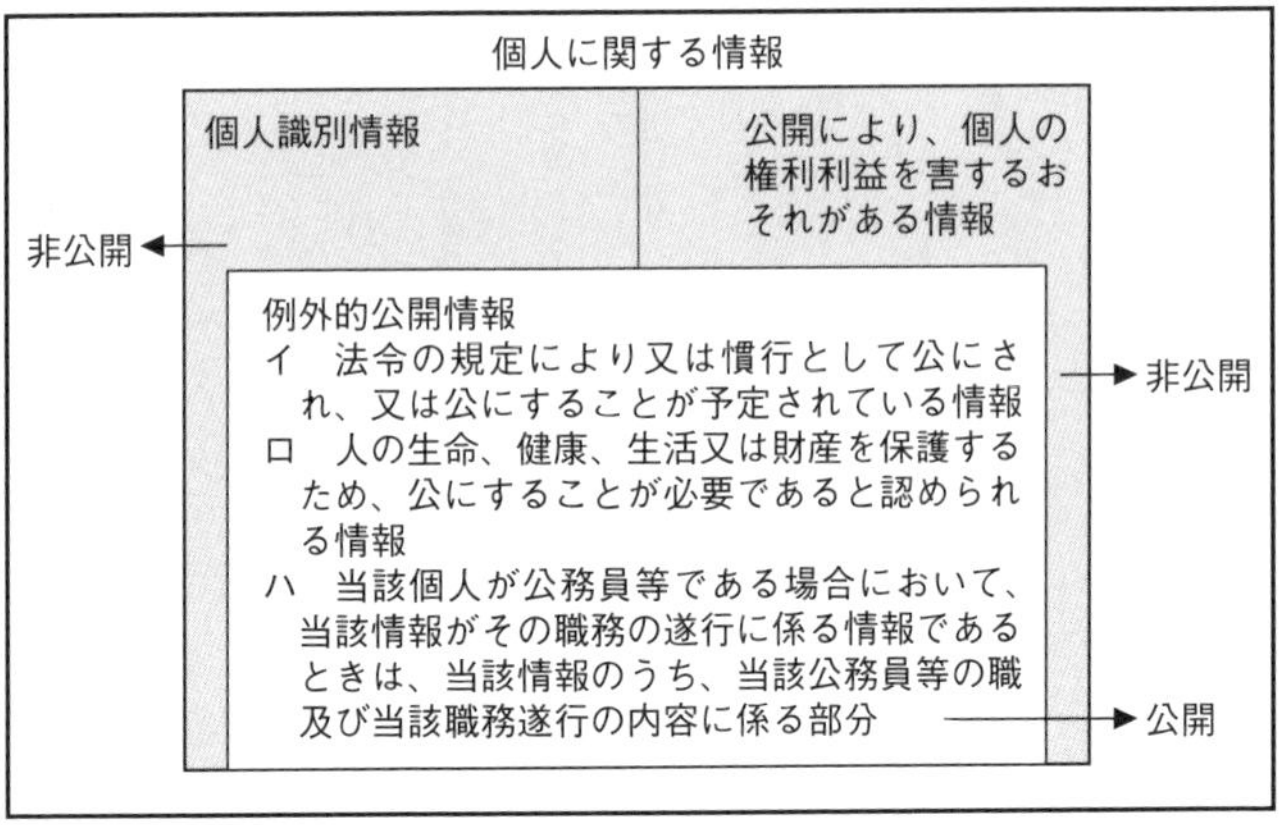

個人に関する情報
個人識別情報
公開により、個人の権利利益を害するおそれがある情報
非公開
例外的公開情報
イ　法令の規定により又は慣行として公にされ、又は公にすることが予定されている情報
ロ　人の生命、健康、生活又は財産を保護するため、公にすることが必要であると認められる情報
ハ　当該個人が公務員等である場合において、当該情報がその職務の遂行に係る情報であるときは、当該情報のうち、当該公務員等の職及び当該職務遂行の内容に係る部分
非公開
公開

個人に関する情報のうち個人識別情報等は非公開情報とされていますが、法令の規定により公にすることが予定されている情報などについては、例外的に公開情報とされています。

図表3―8　個人情報に関する非公開情報と例外的公開情報

判決は、公開法廷でこれを行ふ」と裁判の公開を規定しています。この規定を受けて、民事訴訟法91条、刑事訴訟法4条などで訴訟記録の閲覧制度が規定されています。この閲覧制度が「法令の規定により公にされている」に該当するかについては、見解が分かれています。

まず、判決等の閲覧制度が「法令の規定により公にされている」ものに該当すると考える説（該当説）があります。この説では判決等が例外的に閲覧禁止情報に指定されていない限り「何人」も閲覧が可能であるとの考え方のもとで、判決等の閲覧制度は「法令の規定により公にされている」ものに該当するものとし、個人情報であっても公開すべきものであるとします。この説に立った裁判例としては、高知県情報公開条例に基づき、県知事に対し、県知事が当事者として現に係属中の医療過誤訴訟等の民事訴訟事件及び行政訴訟事件の訴訟記録の公開を請求した事案において、「『法令等の規定により何人も閲覧できるとされている情報』は、開示すべき情報であると規定するのみで、さらにその例外として非開示とし得る場合があるとは定めてはいないこと」、「解釈運用基準には、実施機関は、請求のあった公文書に記録されている情報が、各号で定める非開示情報に該当するかどうかを判断する場合に、主観的、恣意的に判断することがあってはならず、公文書開示制度の趣旨、目的等を尊重して客観的合理的な判断を行う必要がある旨記載されていることからすると、本件条例中に、訴訟記録の一部につき非開示となしうるような規定が存在しない以上、被告主張の種々の事情を考慮して、解釈によってこれを非開示情報とすることは、法令上の根拠を欠くことになるから相当でないと考えられる」との判断を示しました（高知地判平成17年9月13日判例自治288号17頁）。

もうひとつの説は、判決等の閲覧制度は「法令の規定により公にされている」ものに該当しないと考えるものです（非該当説）。判決閲覧制度と情報公開制度は異なる制度であることを前提として、判決等の閲覧制度は「法令の規定により公にされている」に該当しないものとし、個人情報である限り公開義務はないとします。この説に立った裁判例としては、高知市行政情報公開条例に基づき、墓地経営許可申請不許可処分取消請求事件に関する行政情報（訴訟記録）の公開を求めた事案に関するものがあります。判決では「訴訟記録については、民事訴訟法上、閲覧等の請求主体や請求対象に限定が付されていることから、同法91条1項のみを根拠として、訴訟記録の一部であることをもって、本件条例9条ただし書ア（筆者注・法令等の規定により又は慣行として公にされ、又は公にすることが予定されている情報）に該当するとはいえない」としています（高知地判平成16年11月30日裁判所ウェブサイト）。

「裁判の公開」の目的について、判例では「裁判を一般に公開して裁判が公正に行われることを制度として保障し、ひいては裁判に対する国民の信頼を確保しようとすることにある」と述べています（レペタ事件。最判平成元年3月8日民集43巻2号89頁）。

該当説は、後段の「裁判に対する国民の信頼を確保しようとする」に重点をおき、裁判の公開は公益を守るための制度であると考えます。そのため、「裁判の公開」を実践するためには、訴訟当事者の個人情報であっても公開するべきものと考えます。

一方、非該当説は、前段の「裁判を一般に公開して裁判が公正に行われることを制度として保障」すること、つまり裁判を一般に公開することで恣意的な裁判が行われないようにし訴訟当事者の権利を守るものととらえています。そのため、「裁判の公開」によっても訴訟当事者の個人情報は侵すことができないものと考えるのです。

なお、自治体が当事者となっている訴訟の事件番号の公開を請求される場合もあります。事件番号については、1つの裁判所において、同一のものが重複して付されることはなく、当該事件が係属する裁判所名とその事件番号さえ判明すれば、当該事件を特定することが可能となるものです。そのため、対象訴訟等の各事件番号によって特定される事件の訴訟記録を閲覧することで、何人も、容易に対象訴訟等の各訴訟記録に記載された対象訴訟原告らの各氏名や各住所等を知ることができ、特定の個人を識別することができることとなるものとして、事件番号は個人識別情報に当たると判断した裁判例もあります（東京高判平成23年7月14日答申・判決データベース）。

次に「慣行として」とは、公にすることが慣行として行われているようなものをいいます。例えば、中央省庁の課長級職員以上の者の職及び氏名はホームページなどで公表されていますが、このようなものが慣行として公にされているものといえます。裁判例では、「法令又は慣行により『公にされている』情報とは、現に何人も知りうる状態に置かれている情報であり、法令又は慣行により『公にすることが予定されている』情報とは、請求時点では公にされていないが、将来、公にすることが予定されている情報」をいうものとされています（横浜地判平成22年11月10日答申・判決データベース）。

なお、「公にされている」に関して問題となるのが、過去に公表された情報はその後いつでも公開されるべきかということです。この点については、過去に公にされた情報であっても、公開請求の時点では法令や慣行により公にされておらず何人でも知りうる状態に置かれていないのであれば、過去に公にされたという理由のみによって公開しなければならないということにはならないと考えられます。裁判例でも、「当該情報の性質、過去に公表された根拠やその態様等を考慮した上で、過去に公表されたことによって、当該情報を不開示とすることにより保護すべき利益が失われている場合にのみ、情報公開法5条1号ただし書イに該当すると解するのが相当である」との判断が示されています（東京地判平成19年7月12日裁判所ウェブサイト）。

また、京都大学において懲戒処分事案の概要等を公表していることに関連して、「公表の時点から時間が経過するに従い、事案の社会的影響や事案に関する社会一般の関心や記憶は薄れていき、公衆が知り得る状態に置かれているとはいえなくなっていくと認められる。（略）公表後、相応の時間が経過したような場合においては、公表された情報のうち、被処分者が誰であるかに関する情報及び処分歴に関する情報は、もはや現に「公にされている情報」にも「公にすることが予定されている情報」にも該当しない」とした上で、公表から公開請求までの間が1年に満たない案件については、相当の時間が経過したとまでは認められないとして公開すべきとしています（平成30年12月12日（平成30年度（独情）答申第50

ちょこっと豆知識

非開示？不開示？

兼子仁『情報公開審査会Ｑ＆Ａマニュアル』（ぎょうせい、２０１１年）７頁では、「『公開』は〝公開だ〟という形容動詞なので、反対語は『非公開』となる（常識・非常識のごとし）。それに比して『開示』はもっぱら動詞なので、反対語は『不開示』が正しい（補助金不交付・手当金不交付のごとし）」とされています。

情報公開条例においては、「公開」の用語を使用している自治体も、「開示」の用語を使用している自治体もあり、その意味に大きな差はありません。

号及び同第51号））。この答申が示した1年という基準の根拠は明確ではありませんが、公表された情報であっても相当の時間が経過した後は公にされている情報に当たらないという判断は参考になると考えられます。

〈生命等保護情報〉

個人情報に該当する情報であっても、その情報を公開しないことによって得られる利益よりも、人の生命、健康、生活又は財産の保護のために公開するという公益が優越する場合には、その情報を公開すべきことを定めています。この条項に基づいて公開をする場合には、個人のプライバシーを侵害する可能性もあるため、人の生命等を害する相当の蓋然性その他保護の必要性、緊急性等を具体的かつ慎重に検討しなければなりません。また、個人情報を公開されることとなる第三者に対しては意見書を提出する機会を付与しなければなりません。

このただし書きの適用については次のような裁判例があります。「人の生命、健康、生活又は財産を害するおそれのある事業活動に関する情報」については公益上の公開義務が規定されている高槻市情報公開条例6条1項2号ただし書の規定について「その活動によって人の生命、身体又は健康を害する可能性があり、特別の安全対策なしには社会的に存立が許されない事業活動をいうと解するのが相当である」と一般的な基準を示しています（大阪高判平成14年12月24日判夕1144号180頁）。さらに、この判決の結論としては「その公開によって参加人（略）らが被る不利益の程度は、公開によって得られる利益に比べてはるかに小さいものと認めるのが相当である」した上で、非公開決定の取消しを命じました。

〈公務員等の職務遂行情報〉

職務上の公務員の情報には、公務員の職、氏名に関する情報などのように公務員自身に関する情報、担当する職務行為に関する情報が含まれています。これらの情報は、行政事務に関する情報であるとともに、当該公務員の個人情報でもあります。このうち、当該公務員の職に関する情報は、行政事務に関する情報としてはその職務行為に関する情報と不可分の要素であり、行政機関等の諸活動を説明する責務が全うされるようにする必要があります。そのため、情報公開法では「公務員等の職及び当該職務遂行の内容に係る部分」（5条1号ただし書ハ）については、仮に特定の公務員を識別できる情報であっても公開することとされています。自治体の条例においても同様の規定を設けています。

例えば公務員の氏名は原則として個人識別情報ですが、公的な会議の議事録や決裁文書などのように職務に関連する情報は、職務遂行情報として公開されることとなります。この点に関して、大阪高判平成18年12月22日（判例タイムズ１２５４号１３２頁）は、教員が生徒に体罰を行ったことに関連する文書の公開請求に関して、体罰発生報告書の「加害教員と被害生徒等とのやり取りに関する部分や体罰が加えられた後の加害教員その他の教職員と被害生徒及びその保護者等とのやり取りに関する部分などが記載されている」部分等に関しては「公務員である教職員の職務遂行に関する情報であるといわざるを得」ないとしました。一方、懲戒処分通知書の特定の加害教員に対し懲戒処分通知書を交付したことの記載部分については、「加害教員その他の教職員が懲戒処分等を受けたことは、公務遂行等に関して非違行為があったということを示すにとどまらず、公務員の立場を離れた個人としての評価をも低下させる性質を有する情報というべきであるから、私事に関する情報の面を含む」として非公開事由に該当するとしています。

なお、職務遂行に関連しない場合であっても、ホームページなどで職員の氏名まで公開されている場合については、前述のとおり「慣行として公にされている情報」として、公務員の氏名も公開されることになります。公開される範囲は、ホームページへの掲載や人事情報のマスコミへの提供等の状況など、それぞれ公表の状況等に応じて異なります。

(3) 法人等に関する情報〜非公開事由その3

□情報公開法

(行政文書の開示義務)

第5条 (略)

二 法人その他の団体(国、独立行政法人等、地方公共団体及び地方独立行政法人を除く。以下「法人等」という。)に関する情報又は事業を営む個人の当該事業に関する情報であって、次に掲げるもの。ただし、人の生命、健康、生活又は財産を保護するため、公にすることが必要であると認められる情報を除く。

イ 公にすることにより、当該法人等又は当該個人の権利、競争上の地位その他正当な利益を害するおそれがあるもの

ロ 行政機関の要請を受けて、公にしないとの条件で任意に提供されたものであって、法人等又は個人における通例として公にしないこととされているものその他の当該条件を付することが当該情報の性質、当時の状況等に照らして合理的であると認められるもの

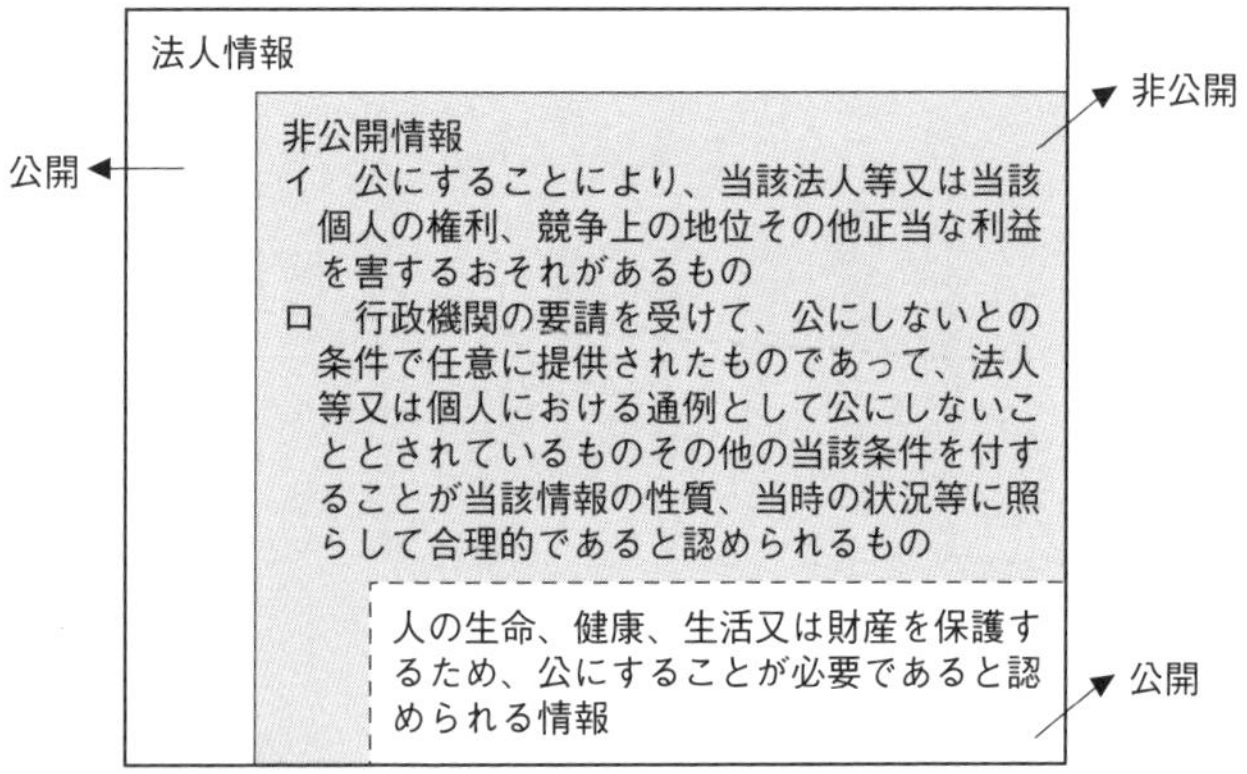
法人情報
非公開
非公開情報
公開
イ　公にすることにより、当該法人等又は当該個人の権利、競争上の地位その他正当な利益を害するおそれがあるもの
ロ　行政機関の要請を受けて、公にしないとの条件で任意に提供されたものであって、法人等又は個人における通例として公にしないこととされているものその他の当該条件を付することが当該情報の性質、当時の状況等に照らして合理的であると認められるもの
人の生命、健康、生活又は財産を保護するため、公にすることが必要であると認められる情報
公開

個人識別情報と違って法人情報は法人の正当な利益を害するおそれがない限り、公開しなければなりません。また、非公開事由に該当する場合であっても「人の生命、健康、生活又は財産を保護するため、公にすることが必要であると認められる情報」については公開されることになります。

図表3―9　法人情報における公開情報と非公開情報

公開請求の対象となった文書に法人等に関する情報が含まれている場合には、それを公開することによってその法人等に不利益が及ぶ場合があります。そのために、法人等の利益にも配慮して情報公開を行う必要があります（図表3―9）。そこで法人その他の団体に関する情報又は事業を営む個人の当該事業に関する情報であって、公にすることにより、当該法人等又は当該個人の権利、競争上の地位その他正当な利益を害するおそれがあるものについては、非公開とする旨が規定されています。なお、ここでいう「法人」には設立形態や目的による限定がなされていないことから、株式会社等の会社、財団法人、社団法人、学校法人、宗教法人、外国法人等幅広く法人を対象とするものと解されます。ただし、国、独立行政法人等、自治体、地方独立行政法人については、その公共的性格にかんがみ、一般的にここでいう「法人」から除かれています。また「その他の団体」とは、法人でない社団等で代表者又は管理人の定めがあるもの（いわゆる権利能力なき社団等）をいいます。

法人に対しても一定の範囲でプライバシーの権利は保障されると解されていますが（芦部信喜『憲法　第七版』（岩波書店、２０１９年）90頁）、情報公開制度における非公開事由として個人情報と大きく異なるのは、法人情報のうち「公にすることにより、当該法人等又は当該個人の権利、競争上の地位その他正当な利益を害するおそれがあるもの」などに限って非公開事由とされている点です。

① 競争上の地位その他正当な利益

法人その他の団体に関する情報には、営業秘密等、公開すると当該法人等の権利利益を害するおそれのあるものがあります。法人等が有するこうした正当な権利利益は、情報公開制度の下でも当然に守られるべきです。そのため、当該法人等又は当該個人の競争上の地位その他正当な利益を害するおそれがある情報は非公開とされています。

「競争上の地位その他正当な利益を害するおそれ」の有無の判断は非常に難しいのですが、その法人等と行政との関係、その活動に対する憲法上の特別の考慮の必要性等、それぞれの法人等の利益及び公開すべき情報の性格等を比較考慮して判断することになります。

② 害するおそれ

法人情報に関する情報公開では法人等の権利利益を害するおそれがない限り公開されることになるため、公開決定に際してはこの「害するおそれ」の判断がとても重要です。法人等には様々なものがあるため、その団体等や情報の内容、権利利益の性質等を十分に考慮して判断しなければなりません。また、裁判例では、「おそれ」の有無の判断基準について、単なる確率的な可能性ではなく法的保護に値する蓋然性が必要であるとされています（東京地判平成20年11月27日裁判所ウェブサイト）。この「蓋然性」とは、ある事柄が起こる客観的な確実性を意味します。つまり、ここでいう「害するおそれ」というのは、行政文書を公開することによって客観的にみてある程度確実に法人の権利利益が害されることを意味します。また、その判断に当たっては、「法人等又は事業を営む個人の性格や権利利益の内容、性質等に応じ、当該法人等（略）の憲法上の権利（信教の自由、学問の自由等）の保護の必要性、当該法人等（略）と行政との関係等を十分考慮して適切に判断する必要がある」（総務省『詳解情報公開法』57頁）との指摘もされています。

③　経営情報等

法人の経営情報等に関する正当な利益を害するおそれの判断は非常に難しいので、ここでも裁判例や答申をいくつか見てみましょう。

ア　埼玉県に対し株式会社コリンズカントリークラブが提出した資料等の公開を請求したところ、被告である埼玉県が部分公開決定をしたため、原告である請求者がその処分の取消しを求めた事案です。判決では、「商法上、株式会社において株主総会の承認の対象とされている貸借対照表、損益計算書等の計算書類（略）、株主及び会社の債権者が閲覧、謄写することのできる右書類及び付属明細書」は、「コリンズカントリークラブ及び借入先の営業上の秘密に関するものであり、公開されればコリンズカントリークラブ及び借入先の企業上の秘密を明らかにする性質を有するものというこ とができる。したがって、右各行政情報を公開することにより、コリンズカントリークラブに著しい不利益を与えることが明らかであると認めることができる」として非公開事由に当たることを認めました（浦和地判平成9年7月14日判例自治１７１号10

頁）。

イ　私立大学の学校経費調査票の公開が求められた事案に関する情報公開・個人情報保護審査会の答申では、「学校経費調査票は、学部学科ごとに作成されるものであるから、法人全体の前記資金収支計算書、消費収支計算書及び貸借対照表と比較すると、各組織、部門毎の詳細部分や内訳表等の詳細な数値が記載されており、これらは、学校法人の自主的な資産運用や経営方針など法人独自の経営戦略に関するノウハウが表現され得るものであり、学校法人の競争上の地位その他正当な利益を害するおそれがある」ものであるとして非公開事由に該当するとの判断を示しました（平成13年度（行情）答申第106号答申・判決データベース）。

④　法人の印影・口座情報の扱い

特に法人の印影や口座情報については多くの裁判例があり、判断が分かれています。判断が分かれているポイントとしては、その法人が印影や口座情報をどのように扱っているか（秘密裏に管理しているかいないか）にありますので、その点を意識して読んでみてください。

〈おそれがあると認めた裁判例〉

ア 「『権利、競争上の地位その他正当な利益を害するおそれ』の有無は、その情報の性格や法人等の性格等に応じて判断されるべきであると解される。一般に、法人等の振込先金融機関名、預金種目、口座番号等は、いわゆる内部管理情報として秘密にしておくことが是認され、これらの内部管理情報につき、当該法人等は、開示の可否及びその範囲を自ら決定することのできる権利ないしそれを自己の意思によらないでみだりに他に開示、公表されない利益を有しているというべきである。また、上記のような金融情報は、第三者に知られることによって、悪用され、当該法人等の金融上の営業秘密等が流出してしまうおそれもあるというべきである。（略）一般的な飲食業者等のように、不特定多数の者が新規にその顧客となり得、通常、自らの口座番号等が多くの顧客に広く知られることを容認し、当該顧客を介してこれが更に広く知られ得る状態に置いているような事情が存在するといった場合は、例外と考えるべきであるが、そのような例外を除けば、上記のような金融情報は一般的に十分保護されるべきである」（東京地判平成15年9月16日訟月50巻5号1580頁。傍線筆者）。

イ 要望書、陳情書等中の、司法書士会、漁業組合、商工会及び観光協会等の法人の「代表者の印影は、認証的機能を有しており、実社会において重要な役割を果たしているのであるから、これが公開されると、偽造等によって、当該法人に財産的損害等を及ぼすおそれがあるということができる。もちろん、法人等の代表者印は、取引行為等で使用されれば、その相手方に印影が開示されており、相手方を通じて更に第三者に印影に係る情報が伝播する可能性もないとはいえない。しかし、これらは、当該法人等の意思あるいは当該法人等と相手方間の慣習や信頼関係によって律されるべき問題であり、印影の有する前記性質や印影は一般に公開されることを欲しない情報であって、内部情報として、当該法人等自身が管理しているものであること（公知の事実である。）に照らせば、前記のような伝播の可能性があることをもって、法人等の印影に関する情報が、その性質自体から公のものであるとか、広く知られる状態に置かれているものであるということはできない。また、本件の折衝の際に、法務局側に提出した書類に押印されているからといって、一般市民にまで広くこれを公開することを、当該法人等が予想・容認していたと認めるに足りる証拠は存しない」（東京地判平成15年9月5日訟月50巻5号1548頁。傍線筆者）。

〈おそれがないとした裁判例〉

ア 「被告は、口座番号は、法人等又は事業を営む個人の内部管理に関する情報であり、一般に秘密性が高い旨主張する。しかしながら、たしかに、右情報は内部管理に関する情報ではあるが、通常、右情報は飲食業者が秘密に管理しているような性質のものではないし、右情報は、その体裁からみて一般的に発行しているものと認められる飲食代金等の請求に記載されている事項に過ぎないことを考慮すると、その開示によって、債権者である飲食業者等が不測の不利益を被り、その事業活動が損なわれると認めることはできない」（熊本地判平成10年7月30日判例自治185号42頁。傍線筆者）。

⑤ 非公開約束の下での任意提供情報

第三者が、実施機関の要請を受けて、公にしないとの約束等の下で任意に提供した情報、あるいは公にされないと信頼して第三者が提供した情報（任意提供情報）は、非公開事由に該当することとされています。非公開を前提として任意に提供された情報は、一般的に他に知らされないという認識や信頼の下に提供されているため、このような情報を公にした場合、情報を提供した第三者との信頼関係が損なわれるおそれがあります。さらに、そのような情報を公開するならば、非公開を前提としたその後の情報収集活動に支障をきたすことも考えられます。そのため、このような形で任意に提供された情報については、非公開とすることを認めているのです。また、公にしないという条件が明示的になされていない場合であっても、公にされないと第三者が信頼して情報を提供する場合などがあります。そのような第三者の信頼が法的保護に値するものについても同様に非公開とすることができることとされています。

広島地判平成29年8月9日（判例集未掲載）は、非公開約束の下での任意提供情報に該当するかについて、①公開しないことを条件として任意に提供された情報であるか、②公開しないとの条件を付することが合理的であると認められるかという二つの点から判断しています。

なお、情報公開法においては、この非公開約束の下での任意提供情報は法人情報に関する非公開事由として規定されていますが（情報公開法5条2号ロ）、自治体の場合には法人に限らず個人についても任意に提供された情報を非公開事由（協力関係・信頼関係情報）として規定している例も多くあります（東京都、大阪市、京都市等多数）。

■大阪市情報公開条例

（公文書の公開義務）

第7条　（略）

三　実施機関の要請を受けて、公にしないとの条件で個人又は法人等から任意に提供された情報であって、当該個人又は当該法人等における通例として公にしないこととされているものその他の当該条件を付することが当該情報の性質、当時の状況等に照らして合理的であると認められるもの。ただし、人の生命、身体、健康、生活又は財産を保護するため、公にすることが必要であると認められる情報を除く。

国の情報公開・個人情報保護審査会の答申の例では、特定財団法人の一部事業の民営化に関する文書のうち譲渡価格算定依頼先に関する情報について、公にしないものであるとの確認を得たものであったことが認められるとともに、「民間の法人がその事業を譲渡する際に、必要な譲渡価額の算定見積りを民間の会計事務所等に依頼する場合、どこの会計事務所に依頼したか等の情報については、通常公にしないものであると認められる。本件はそのような場合に該当するものであることから」公にしないとの条件を付したことの合理性についても認められるとの判断を示しています（平成15年度（行情）答申第19号答申・判決データベース）。

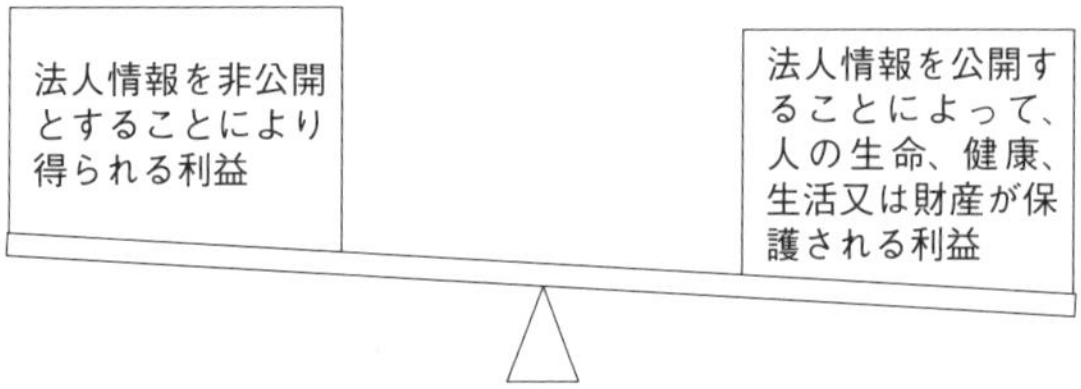

人の生命等を保護するため公にする利益が、法人情報を非公開にする利益を上回る場合には、例外的に公開すべきこととなります。

図表３―10　法人情報の保護と生命・身体等の保護とのバランス

⑥　例外的に公開しなければならない事項

法人情報として非公開事由に該当する場合であっても、人の生命、健康、生活又は財産を保護するため、公にすることが必要であると認められる情報については、義務的に公開しなければならないとされています。これは、法人情報を非公開とする利益よりも、人の生命等の保護を優先すべき場合があるという考えに基づくものです。

なお、この判断に当たっては、裁判例において「その構造上、本文に該当する情報は原則不開示として扱い、例外的にただし書に該当する情報（略）を開示すべきこととしているのであって、人の生命、健康等といった人格的利益にかかわりあいがあれば、法人等の財産的利益に直ちに優越することを規定しているものではない」（東京高判平成19年11月16日訟月55巻11号3203頁）との判断が示されているように、人の生命等の保護ということによって形式的に判断するのではなく非公開とすることにより得られる利益と公開することにより得られる利益とを比較衡量して、実質的に判断しなければなりません。実質的に判断して、人の生命、健康、生活又は財産を保護するために公開によって得られる利益が勝る場合に限って、公開しなければならないことになるのです（図表3―10）。

(4) 公共の安全等に関する情報～非公開事由その4

■東京都情報公開条例
（公文書の開示義務）
第7条 （略）
四 公にすることにより、犯罪の予防、鎮圧又は捜査、公訴の維持、刑の執行その他の公共の安全と秩序の維持に支障を及ぼすおそれがあると実施機関が認めることにつき相当の理由がある情報

公にすることにより、犯罪、違法行為、不正行為等を誘発・助長し、人の生命、身体、財産又は社会的な地位を脅かしたり、犯罪の予防、犯罪の捜査等に関する活動を阻害する

行政警察活動
(犯罪の予防・鎮圧・公共の安全の維持という行政目的を達成するための警察活動)

司法警察活動
(犯罪の証拠の収集・保全等の司法目的を達成するための警察活動)

図表３―11　行政警察活動と司法警察活動との違い

おそれが生じる行政情報があります。そのような事態を防止し、安全で平穏な市民生活を守るため、公共の安全と秩序の維持に支障が生じると認められる情報を非公開とすることとしています。

① 公共の安全と秩序の維持に支障を及ぼすおそれ

この規定は、警察活動に関する情報を公共の安全と秩序の維持の観点から非公開として定めているものです。前段の「犯罪の予防、鎮圧」はいわゆる行政警察活動（犯罪の予防・鎮圧・公共の安全の維持という行政目的を達成するための警察活動）を対象とし、後段の「捜査、公訴の維持、刑の執行」は司法警察活動（犯罪の証拠の収集・保全等の司法目的を達成するための警察活動）を対象として、非公開事由として規定しています（図表３—11）。なお、風俗営業等の許認可、伝染病予防、食品・環境・薬事等の衛生監視、建築規制、災害警備等についても行政警察活動の一環として位置付けられますが、これらの情報はこの規定ではなく、後で説明する「事務・事業情報」として公開・非公開の判断をすべきであるとする見解もあります（宇賀情報公開逐条）１１３頁）。ただ、そのよう行政活動も「公共の安全」のためのものであることから、行政警察活動の一環として、この規定により非公開情報に位置付けることも可能だと考えます。

この規定が適用された判例としては、捜査報償費に関して、捜査費又は捜査報償費に係る個人名義の領収書のうち実名ではない名義で作成されたものについての公開請求に関するものがあります。判決では、「仮に、本件条例に基づき本件領収書の記載が公にされることになれば、情報提供者等に対して自己が情報提供者等であることが事件関係者等に明らかになるのではないかとの危ぐを抱かせ、その結果、滋賀県警において情報提供者等から捜査協力を受けることが困難になる可能性を否定することはできない。また、事件関係者等において、本件領収書の記載の内容やその筆跡等を手掛りとして、内情等を捜査機関に提供し得る立場にある者に関する知識や犯罪捜査等に関して知り得る情報等を総合することにより、本件領収書の作成者を特定することが容易になる可能性も否定することができない。そうすると、本件領収書の記載が公にされた場合、犯罪の捜査、予防等に支障を及ぼすおそれがあると認めた上告人の判断が合理性を欠くということはできないから、本件領収書」には公にすることにより公共の安全と秩序に支障を及ぼすおそれがある情報が記録されているとの判断を示しました(最判平成19年5月29日裁判集民224号463頁)。

② 認めるに足りる相当の理由がある情報

公にすることにより、犯罪の予防等に支障を及ぼすおそれがあるか否かの判断は、その性質上、高度の政策的判断を伴うこと、犯罪等に関する将来予測としての専門的・技術的判断を要することなどの特殊性が認められるものと考えられます。そのため、この判断について訴訟で争われた場合には、実施機関の第1次的な判断を尊重し、合理性を持つ判断として許容される限度内のものであるかどうかを審理・判断することとするのが適当であるとされています（総務省『詳解情報公開法』69頁）。そのため、情報公開条例の条文においても「実施機関が認めることにつき相当の理由がある情報」については非公開とする旨の規定がなされているのが一般的です。訴訟等でこの非公開事由の該当性が争われる場合には、他の非公開事由のように「正当な利益を害するおそれ」の有無を判断するのではなく、実施機関の非公開とした判断について「相当の理由の有無」が問われることになります。

(5) 審議・検討・協議に関する情報～非公開事由その5

□情報公開法

（行政文書の開示義務）

第5条 （略）

五　国の機関、独立行政法人等、地方公共団体及び地方独立行政法人の内部又は相互間における審議、検討又は協議に関する情報であって、公にすることにより、率直な意見の交換若しくは意思決定の中立性が不当に損なわれるおそれ、不当に国民の間に混乱を生じさせるおそれ又は特定の者に不当に利益を与え若しくは不利益を及ぼすおそれがあるもの

行政機関が保有する行政文書の中には、行政機関としての最終的な意思決定前の事項に関する情報が少なからず含まれます。これらの情報を公開することによって、外部からの圧力や干渉等の影響を受けることなどにより、率直な意見の交換又は意思決定の中立性が損なわれる場合があります。また、未成熟な情報が公開され又は情報が尚早な時期に公開されると、誤解や憶測に基づき住民の間に混乱を生じさせ、又は投機を助長するなどして特定の者に利益を与えたり、不利益を及ぼす場合もあります。情報公開条例においては、個人情報をはじめ様々な非公開事由が規定されていますが、住民自治の観点から特に問題となるのが、この審議、検討又は協議に関する情報、いわゆる意思形成過程の情報です。

①　審議、検討又は協議に関する情報（意思形成過程の情報）

自治体などの事務・事業についての意思決定が行われるまでには、様々な検討や協議打ち合わせが行われます。また、有識者などによる審議会等での審議を行う場合もあります。意思形成過程の情報は、自治体としての意思決定に至るまでの審議、検討又は協議について、公開されると支障が生じる段階を幅広く意味することになります。例えば、監査委員が自治体職員から事情聴取をした内容を記録した文書の公開請求に関して、最高裁は「当該意思決定それ自体を妨げることのほか、将来における同種の意思決定の障害となることも含まれるものと解するのが相当である。そして、当該情報を公開することにより、今後行われることのあるべき同種の意思決定のための資料の収集に支障を生ずることも、これに含まれると解される」として、比較的広くこの条項の適用を認めています（最判平成11年11月19日民集53巻8号1862頁）。

② 意思決定の中立性が不当に損なわれるおそれ

審議、検討又は協議に関する情報を公開することにより、意思決定の中立性が不当に損なわれるおそれがあるなど自治体の行政運営に支障が生じる場合には非公開とすることを認めるものです。しかし、自治体の意思形成はそもそも主権者である住民自身が行うべきであり、意思形成過程であることを理由として非公開とすることは、情報公開制度の趣旨を没却することになりかねません。自治体においては意思形成過程の情報こそ積極的に住民に公表を図り、意思形成に関する住民参加を進めるべきなのです。そのため、この「おそれ」については支障が生じることが具体的に想定されるなど、できる限り限定的に解する必要があります。

この点については、「民主主義社会は、情報の自由流通を保障することがよりよい決定を産むという仮定（「思想の自由市場の仮定」）のもとで運営されているから、国民間での見解の不一致は、情報の自由流通を制限することによってではなく、むしろ情報の自由流通を促進する中で調整されるべきである」（曽和俊文「最新判例批評」判例時報1891号（2005年）182頁）と意思形成過程の情報公開の必要性が指摘されています。さらに、審議会における審議過程の情報公開について「審議会のアカウンタビリティという観点からすれば、単に率直な意見交換が阻害されるおそれがあるというのみで、会議録を不開示にするべきではなく、開示による支障が、開示のもたらす利益を衡量しても、不当なものと認めうる場合に限って、不開示にすることが容認されるべきといえよう」（宇賀克也『ケースブック情報公開法』（有斐閣、2002年）100頁）と、公開することによって得られる利益と、公開によって生じる支障とを比較衡量して判断することの必要性も指摘されています。

この条項については「意思形成過程」という言葉は、ともすれば安易に適用されやすいため、情報公開法5条5号では「国の機関、独立行政法人等、地方公共団体及び地方独立行政法人の内部又は相互間における審議、検討又は協議に関する情報」というだけでなく、さらに「公にすることにより、率直な意見の交換若しくは意思決定の中立性が不当に損なわれるおそれ、不当に国民の間に混乱を生じさせるおそれ又は特定の者に不当に利益を与え若しくは不利益を及ぼすおそれがあるもの」という条件を付加的に規定し、「意思形成過程」という用語は用いていません。そして多くの自治体が情報公開法と同様の規定がなされています。もっとも情報公開法では、不明確な用語である「意思形成過程」を使っていないとはいうものの「不当に損なわれるおそれ」があれば非公開とすることができると規定されているため、その点において広汎に適用される可能性は否定できません。

そのため、政府の「検討チーム報告書」（12頁参照）において、表現として極めて曖昧な規定であり、行政機関等による恣意的な解釈を生じさせる余地があることから、「公にすることにより、『不当に国民の間に混乱を生じさせるおそれがある情報』を非公開事由とする旨の文言を削除する」こととされていました。しかし、12頁で述べたように法改正はなされませんでした。

〈非公開とする基準〉

意思形成過程の情報として非公開とする基準については様々な見解が示されています。まずひとつの基準として、オーストラリアやデンマーク等の法制度を参考に公開請求の対象が「事実」か、あるいは価値判断を伴う「見解」を含むのかを区別し、前者は原則として公開することとし、後者については公開しないとする考え方があります（宇賀克也・小早川光郎編『情報公開法―その理念と構造』（ぎょうせい、1999年）119頁）。例えば、交野市情報公開条例では、審議、協議等に関する情報としての非公開から事実に関する情報は除くことを規定しています（10条1号）。

また、情報の性質だけでなく、意思形成過程の性質も判断要素とする見解もあります（前掲曽和論文184頁）。その見解では次の3つに分類しています。

①学識経験者や住民代表からなる審議会や委員会での検討過程

②土地区画整理事業のような、利害調整過程

③行政内部の職員による意思形成過程

①については学識経験者や住民代表としての発言である以上公開に耐えうる責任ある発

言、検討が求められるとします。ただし、筆者は、住民代表にこのような責任を求めることは難しいと考えます。②については利害関係者内部の情報共有として外部へは非公開とし、住民一般による監視は、意思形成過程が終了してからの情報公開によるとするべきであるとします。最後に③についてはその成熟度に応じて公開の是非が検討されるべきとしています。

さらに、公開請求の時期により区別することも可能です。意思形成過程が終了すれば、一般的に、公表したとしても公正な意思形成に対する支障は生じません。このため意思形成が終了した場合には公開するという判断基準を設定することも可能です。しかし、この基準を強調すると意思形成が終了しない段階では、公開を拒むことを根拠付けてしまう結果につながる可能性もあります。

なお、群馬県情報公開条例5条1項で「実施機関（略）は、重要な政策の立案に当たっては、その目的、内容その他必要な事項を公表して広く県民の意見を求めるとともに、政策の決定に当たり当該意見を反映させるよう努めるものとする」とし、同条2項では実施機関に対して意見を反映するための仕組みの整備を求めていることが注目に値します。

③　審議会に関する情報

自治体では、多くの審議会を設置し様々な審議を行っております。この審議会における審議内容等に関する情報についても、いわゆる意思形成過程の情報として公開が問題となります。審議会に関する情報の公開・非公開の判断は、当該審議会の議決等により決せられるものではなく、当該審議会の性質及び審議事項の内容に照らし、個別具体的に、率直な意見の交換等を「不当に」損なうおそれがあるかにより判断されることとなります。特に審議会に関する情報の公開に関する国民の要望は強く、行政の政策形成における審議会の機能に照らし、これを可能な限り公開することの意義が大きいことは配慮しなければなりません。

なお、附属機関等の合議制機関の会議に係る情報に関して、当該合議制機関の議決により公開しないことを定めているものについては非公開すると規定している例があります（山口市情報公開条例5条8号、京田辺市情報公開条例9条5号、金山町情報公開条例6条5号等）。しかし、このような規定については、実質的には合議制機関を情報公開制度の実施機関から除外する効果をもつという指摘がされています（宇賀情報公開逐条121頁）。

④ 裁判例

審議、検討又は協議に関する情報、いわゆる意思形成過程の情報の取扱いは、自治体職員にとっては非常に重要な課題ですので、いくつかの裁判例を取り上げておきましょう。

ア 学識経験者等の意見を聞く目的で府知事が設置した協議会に治水対策案補足資料として提出されたダムサイト候補地選定位置図について、「『ダムサイト候補地選定位置図』と称するものの、ダムサイト候補地選定の重要な要素となる地質・環境等の自然条件や用地確保の可能性等の社会的条件について検討を経ない段階で、協議会のダム構想検討の資料とするため、京都府土木建築部河川課が鴨川流域において貯水が可能な地形を2万5000分の1の地形図から読み取り、それを流域図に示したものにすぎず、いわば協議会の意思形成過程における未成熟な情報であり、公開することにより、府民に無用の誤解や混乱を招き、協議会の意思形成を公正かつ適切に行うことに著しい支障が生じるおそれのあるものといえる」と判断をしました（大阪高判平5年3月23日判タ828号179号、最判平成6年3月25日判時1512号22頁）。

イ 構想段階の洪水調整施設に係る情報が記録されていることを理由に当該情報を含む部分を非公開とし、これを除いた部分を公開する旨の決定した事案において、「行政機関等としての最終的な決定前の未成熟な情報や事実関係の確認が不十分な情報などを公にすることにより、国民の誤解や憶測を招き、不当に国民の間に混乱を生じさせるおそれがあり、また、投機を助長するなどして、特定の者に不当に利益を与え又は不利益を及ぼすおそれがあることから、これらの事態を防止するためであると解されるとし、またこの「『おそれ』は単なる確率的な可能性ではなく、法的保護に値する蓋然性がなければならないと解すべきである」との判断を示しました。ただし、本件についてはその蓋然性を認めることができないとして公開すべきものであるとの判断を示しました（東京地判平成23年8月2日判時2149号61頁）。この判決では、「おそれ」の判断基準について、前述東京地判平成20年11月27日（109頁）において法人情報に関して示された「法的保護に値する蓋然性」という判断基準を採用している点が注目されます。

ウ　司法試験委員会の会議をそのままの形で録音したミニディスクである本件文書が公開された場合には、「司法試験の秘密にわたる事項を推測し得るような情報が明らかになるおそれがあるほか、試験実施機関である司法試験委員会の円滑な意思決定を阻害するおそれがあり、今後の司法試験の円滑な実施に支障が生ずる等の不利益が予想されるのに対し、控訴人が開示による利益であると主張する音声等による発言者の特定については、議事内容の理解に資するという程度の利益はあるものの、発言者に関する情報は、その発言内容と相俟って、成績評価、合否判定等の司法試験の秘密の推測につながりかねないものであるから、開示による利益を過大視することはできないことからすると、開示による不利益との比較衡量においても、開示による利益がそれを上回るものということはできない」ことから、非公開とすることの妥当性が認められました（東京高判平成19年12月20日裁判所ウェブサイト）。

エ　国立療養所の再編に関する厚生労働省と地元関係者との協議会の議事録について「『率直な意見の交換が不当に損なわれるおそれ』があるものが不開示事由とされた趣旨は、終局的な意思決定がされる過程においては、様々な選択肢の是非、長短について多方面から自由な意見交換等がされるべきであるのに、最終的に採用されるに至らなかった中間的な議論、未成熟な意見等が公開されることにより、外部からの不当な圧力や干渉等を受けることなどにより、当該意思決定自体がゆがめられるおそれを生じることがあるほか、終局的意思決定に対する誤解や筋違いの批判等を招き、ひいては途中経過における自由かつ率直な意見交換等が妨げられたりするおそれがあるので、そのような結果となることを防止するために、適正な意思決定手続を確保するという点にあると考えられる。このような立法趣旨からすれば」、「『不当に損なわれるおそれ』とは、単に行政機関においてそのおそれがあると判断するだけではなく客観的にそのおそれがあると認められることが必要であるというべきである」。他方で、行政機関としてはこの「『おそれ』があるか否かの判断に当たり、高度な蓋然性があることまで要求することはできない」とした上で、本件における非公開決定は適法であるとの判断を示しました（高松高判平成17年1月25日判タ１２１４号１８４頁）。

(6) 行政機関の事務・事業に関する情報〜非公開事由その6

□情報公開法

（行政文書の開示義務）

第5条　（略）

六　国の機関、独立行政法人等、地方公共団体又は地方独立行政法人が行う事務又は事業に関する情報であって、公にすることにより、次に掲げるおそれその他当該事務又は事業の性質上、当該事務又は事業の適正な遂行に支障を及ぼすおそれ

があるもの
イ　監査、検査、取締り、試験又は租税の賦課若しくは徴収に係る事務に関し、正確な事実の把握を困難にするおそれ又は違法若しくは不当な行為を容易にし、若しくはその発見を困難にするおそれ
ロ　契約、交渉又は争訟に係る事務に関し、国、独立行政法人等、地方公共団体又は地方独立行政法人の財産上の利益又は当事者としての地位を不当に害するおそれ
ハ　調査研究に係る事務に関し、その公正かつ能率的な遂行を不当に阻害するおそれ
ニ　人事管理に係る事務に関し、公正かつ円滑な人事の確保に支障を及ぼすおそれ
ホ　独立行政法人等、地方公共団体が経営する企業又は地方独立行政法人に係る事業に関し、その企業経営上の正当な利益を害するおそれ

行政機関が行うすべての事務・事業は主権者である住民に幅広く公開されるべきもので

す。しかし、公開することによって行政事務の適正な遂行に支障を及ぼすおそれがある場合もあります。そこで、行政機関の事務又は事業に関する情報であって、公開することにより、当該事務又は事業の性質上、当該事務又は事業の適正な遂行に支障を及ぼすおそれがあるものについては公開しないこととされています。

行政機関の行う事務、事業には様々なものがあります。公開することによりその適正な遂行に支障を及ぼすおそれのあるものを事項的にすべて列挙することは困難です。そのために、例えば情報公開法では前記のとおり、5条6号イ～ホの5項目を例示として挙げるほか、一般的に「当該事務又は事業の性質上、当該事務又は事業の適正な遂行に支障を及ぼすおそれがあるもの」という包括的な表現を用いています。ただし、ここでいう「適正な遂行に支障を及ぼすおそれ」は、行政機関に広範な裁量権限を与える趣旨ではないことに注意しなければなりません。情報公開制度の基本理念である「原則公開」に基づき、非公開とされるものはできる限り限定的に捉える必要があります。したがって、「適正な遂行に支障を及ぼすおそれ」の程度は名目的なものでは足りず実質的なものが要求され、「おそれ」の程度も単なる確率的な可能性ではなく法的保護に値する蓋然性が当然に要求されることになります。つまり、公開することによって、「適正な遂行に支障を及ぼす」

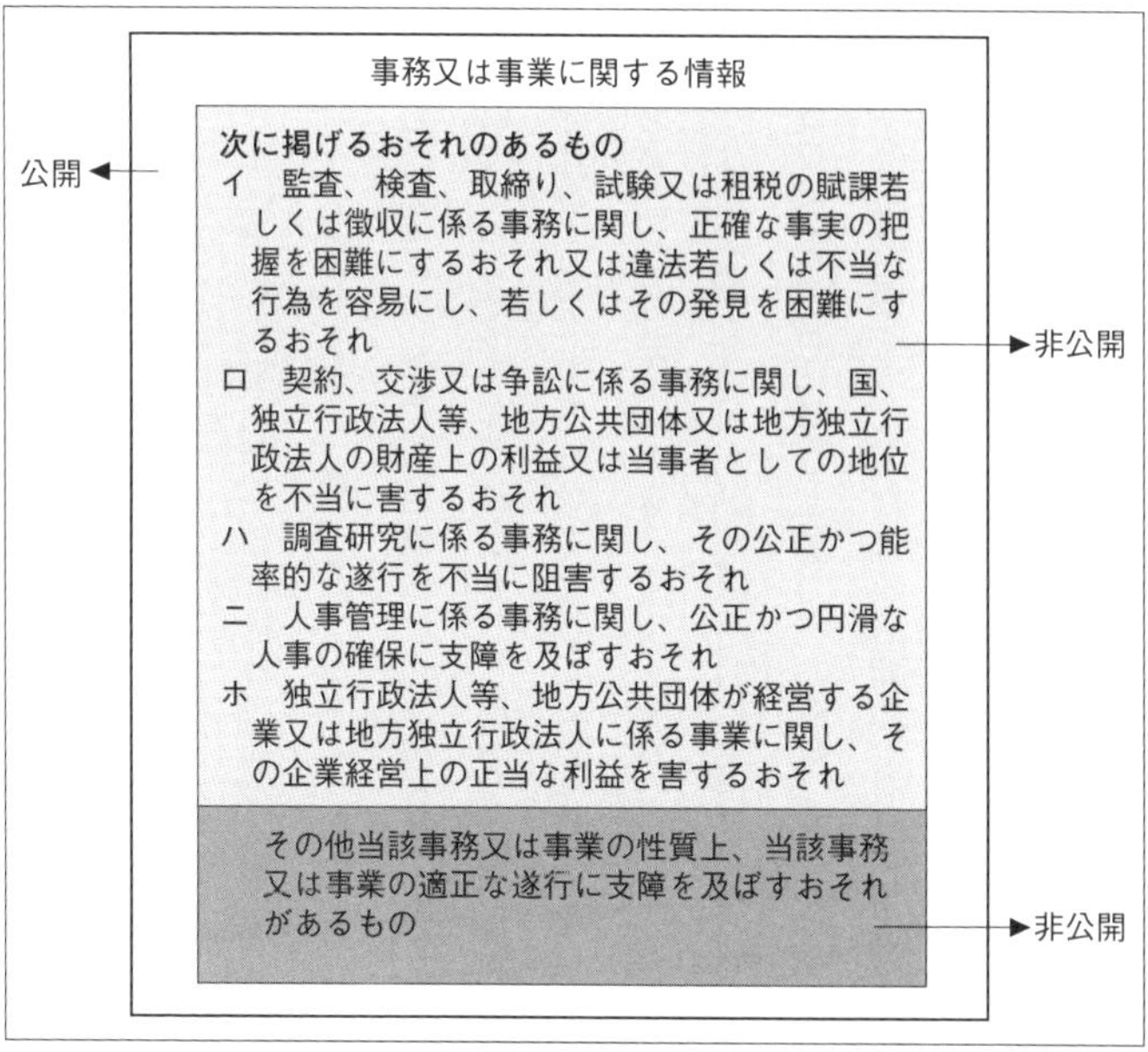
事務又は事業に関する情報
公開
次に掲げるおそれのあるもの
イ　監査、検査、取締り、試験又は租税の賦課若しくは徴収に係る事務に関し、正確な事実の把握を困難にするおそれ又は違法若しくは不当な行為を容易にし、若しくはその発見を困難にするおそれ
ロ　契約、交渉又は争訟に係る事務に関し、国、独立行政法人等、地方公共団体又は地方独立行政法人の財産上の利益又は当事者としての地位を不当に害するおそれ
ハ　調査研究に係る事務に関し、その公正かつ能率的な遂行を不当に阻害するおそれ
ニ　人事管理に係る事務に関し、公正かつ円滑な人事の確保に支障を及ぼすおそれ
ホ　独立行政法人等、地方公共団体が経営する企業又は地方独立行政法人に係る事業に関し、その企業経営上の正当な利益を害するおそれ
非公開
その他当該事務又は事業の性質上、当該事務又は事業の適正な遂行に支障を及ぼすおそれがあるもの
非公開

図表３—12　事務又は事業に関する情報における非公開情報

ことがある程度具体的に想定される場合に限ります（図表3—12）。

ただし、その具体的な基準については、すべての行政の事務・事業について、情報公開法や条例であらかじめ定めることは困難です。そのため、判断基準の参考としてここでもいくつかの判例を見ておきましょう。

ア　茨木市立学校の教職員の評価等に関して教職員が作成した自己申告票及び校長が作成し

た評価・育成シートの一部につき「公開されることになった場合、作成者や記載内容中の関係者が特定されて問題が生じるのをおそれたり、自らが記載した具体的内容が広く第三者に公開される可能性があるのを嫌ったりして、教職員や校長が当たり障りのない記載しかしなくなる結果、本件各文書の記載内容が形骸化するおそれがあるというべきである。（略）そうすると、本件各公開請求部分に係る情報は、これを公開した場合に、学校の組織活性化等を目的とした本件システムに係る事務の適正な遂行に支障を及ぼすおそれがあり、ひいては公正かつ円滑な人事の確保に支障を及ぼすおそれがあるものであ」るとして、非公開とすべきものと判示しました（最判平成22年2月25日裁判集民233号119頁）。

イ　品川区監査委員が品川区議会における会派から任意に提出を受けた、政務調査費の支出内容・目的等が記載された本件文書について、政務調査活動が「執行機関に対する監視機能を果たすための活動としての性格を帯びていることに照らすと、区議会の議員等がその具体的な目的や内容等を監査委員に任意に回答する場合、監査委員限りで当該情報が活用されるものと信頼し、監査委員においてもそのような保障の下にこれを入手するものと考えられる。仮に、そのような保障がなく、政務調査活動に関し具体的に回答したところが情報公開の対象となり得るとすれば、区議会の議員等において、監査委員にその回答をすることに慎重になり、あるいは協力を一律に控えるなどの対応をすることも想定されるところである。そのような事態になれば、同種の住民監査請求がされた場合、正確な事実の把握が困難になるとともに、違法又は不当な行為の発見も困難になり、議員等の任意の協力の下に上記情報を入手して監査を実施した場合と比較して、監査事務の適正な遂行に支障を及ぼすおそれがあることは明らかである」として非公開情報に当たると解するのが相当であるとしました（最判平成21年12月17日裁判集民232号649頁）。

ウ　「同和対策地域総合センター要覧」等の部分公開決定について争われた事案において、非公開部分について「公開されると、本件目次や本件一覧表に網羅的かつ一覧的に掲記されている各地域センターの名称や所在地等が上告人において把握している同和地区の名称や所在地等として一般に認識されるおそれがある上、これらの情報が各地域センターの概要の説明に係る記載内容のうち既に開示されているものと照合されることにより、各地域センターが設置されている各地区の居住者等の具体的な状況の詳細に係る情報が同和地区の居住者等に関する情報として一般に認識されるおそれもあるといわなければならず、これらの情報があいまって、当該各地区の居住者や出身者等に対する差別意識を増幅して種々の社会的な場面や事柄における差別行為を助長するおそれがあり、ひいては、（略）人権意識の向上や差別行為の根絶等を目的として種々の取組を行っている上告人の同和対策事業ないし人権啓発事業の適正な遂行に支障を及ぼすおそれがあるものというべきである」として非公開決定を認容する判断を示しました（最判平成26年12月5日判例自治390号51頁）。

4　公益上の理由による裁量的公開

■東京都情報公開条例

（公益上の理由による裁量的開示）

第9条　実施機関は、開示請求に係る公文書に非開示情報（第7条第一号（筆者注：法令秘情報）に該当する情報を除く。）が記録されている場合であっても、公益上特に必要があると認めるときは、開示請求者に対し、当該公文書を開示することができる。

既に説明したように非公開情報の法的性質については見解が分かれていますが、筆者は非公開情報については公開してはならない義務を負うものと考えています（70頁）。この見解によれば、請求された行政情報に個人情報などの非公開情報が含まれている場合には、原則として公開することはできません。

この考えに基づくと、人の生命、健康、生活又は財産を保護するためなどのように例外的公開情報（94頁等参照）として開示すべきこととされている場合を除いて、裁量的に公開することは原則として許されません。しかし、行政情報の説明責任や住民の知る権利を保障するために、行政の情報はできる限り公開すべきです。そこで、この規定によって非公開情報が記録されている場合であっても、公益上特に必要があると認めるときは、当該行政情報を公開することができるとされているのです（図表3―13）。

プライバシーを中心とする個人の正当な権利利益や法人の利益等は、その性質上、手厚く保護されるべきですが、なおこれに優越する公益があるときは、実施機関が裁量的に公開することを認める規定です。ただし、法令秘に属する情報は、この規定の対象となる非

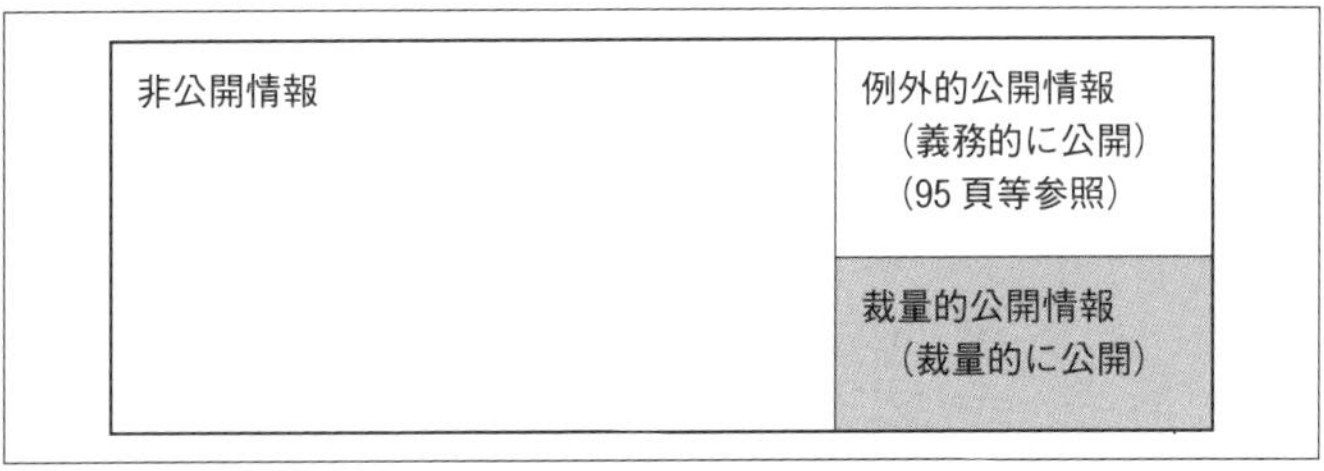

図表3—13　例外的公開情報と裁量的公開情報

公開情報から除外されており（東京都情報公開条例第9条括弧書等）、裁量的に公開することはできません。

この「公益上特に必要がある」とは、非公開とすることにより保護される利益と公開することにより得られる公益とを比較衡量し、公益が優越する場合をいいます。この規定によって公開される情報には、個人に関する情報の中でも個人的な性格が強いものから社会的性格が強いものまで様々なものがあること、人の生命・身体等の保護と財産・生活の保護とでは公開により保護される利益の程度に相当の差があることを踏まえて、特に個人の人格的な権利利益の保護に欠けることがないような慎重な配慮が必要です。

情報公開制度では公開請求に対して非公開事由に該当しなければ、実施機関は原則として公開する義務を負っています。また、非公開事由に該当する場合であっても94頁等で説明した例外的公開情報に該当するときは、公開する義務を負っています。これに対して、ここで説明した裁量的公開情報に該当する場合には、公開する義務は負いませんが、実施機関の裁量（判断）で公開することができるのです。

なお、裁量的公開に関する実施機関の裁量について、東京地判平成２９年8月２９日（判例集未掲載）は、「開示をするか否か、すなわち個人の権利利益を保護するため特に必要があると認めるか否かの判断は、実施機関の裁量に委ねられているというべきであるから、開示請求に係る個人情報で不開示情報が含まれているものについて、本件条例１８条に基づく開示をしなかった実施機関の判断が違法となるのは、当該実施機関に与えられた裁量権の範囲を逸脱し、又はこれを濫用したと認められる場合に限られる」としています。

コラム

個人情報か？法人情報か？

個人識別情報型の条例においては、行政情報に個人の氏名が記載されていた場合には、それは原則として「個人識別情報」に該当し非公開とされることになります。しかし、例えば石原さんという人が、△△株式会社の代表取締役である場合には、石原さんの氏名は個人情報として公開・非公開の判断をすることになるのでしょうか。それとも△△株式会社の法人情報として判断することになるのでしょうか。

個人識別情報型の条例である大阪市公文書公開条例（現大阪市情報公開条例）に関して最高裁は次のように判断をしています。

この判決ではまず、「『個人に関する情報』については、『事業を営む個人の当該事業に関する情報』が除外されている以外には文言上何ら限定されていないから、個人の思想、信条、健康状態、所得、学歴、家族構成、住所等の私事に関する情報に限定されるものではなく、個人にかかわりのある情報であれば、原則として同号（大阪市公文書公開条例6条2号。筆者注。）にいう『個人に関する情報』に当たる」。「法人その他の団体の従業員が職務として行った行為に関する情報は、職務の遂行に関する情報ではあっても、当該行為者個人にとっては自己の社会的活動としての側面を有し、個人にかかわりのあるものであることは否定することができない」として、法人の従業員の職務の遂行に関する情報も、原則として、同号にいう「個人に関する情報」に含まれるとしました。

ただし、個人に関する情報と法人等に関する情報とは、それぞれ異なる類型として非公開事由を規定していることから、氏名のような個人情報であっても「法人等を代表する者が職務として行う行為等当該法人等の行為そのものと評価される行為に関する情報については、専ら法人等に関する情報」として公開、非公開の判断を行うことになるとしています（最判平成15年11月11日民集57巻10号1387頁）。

つまり、法人の代表者の場合には、その人の行為が法人を代表して職務として行った行為に関する情報については、法人に関する情報として、「公にすることにより、当該法人等又は当該個人の権利、競争上の地位その他正当な利益を害するおそれがあるもの」については非公開事由に当たるものと考えることになります。一方、法人の代表者であっても個人として行った行為に関する情報については、個人に関する情報として、個人が識別される情報については非公開とすることになります。

第4章

公開請求に対する決定手続

1　公開請求に対する決定

　情報公開法9条1項では、公開請求に係る行政文書の全部又は一部を公開するときは、公開、部分公開等の決定をし、公開請求者に対し、公開の実施に関し政令で定める事項と併せて書面により通知しなければならないと規定されています。この「政令で定める事項」としては、「①公開の実施の方法」、「②公開の実施に係る手数料の額」、「③事務所における公開を実施することができる日、時間及び場所」、「④写しの送付の方法による行政文書の公開を実施する場合における準備に要する日数及び送付に要する費用」等とされていますので、これらの事項を記載して書面により通知することになります。自治体においてもほぼ同様の事項を通知することとされています。また、公開請求文書の全部を公開しない場合には、情報公開法9条2項で「開示しない旨」を書面で通知することとしています。

　なお、実施機関が公開決定を行う場合には、行政文書に含まれる個別の情報を対象として、公開、非公開の決定を行うのではなく、行政文書ごとに判断を行うことになります。

例えば、「Aに関する情報が記録されている公文書」というように特定した場合であっても、公文書のうちその情報が記録されている部分のみが公開の請求の対象となるものではなく、当該公文書全体がその対象となります（最判平成17年６月14日判時１９０５号60頁）。

さらに、公開請求書に必要事項が記載されていないなど、公開請求が不適法な場合には、公開請求を却下する決定を行い、その旨を通知することになります。また、後に説明するように「存否を明らかにしない決定」や「不存在決定」を行うこともあります。

2 非公開理由等の附記

各自治体の行政手続条例では、一般的に、申請により求められた許認可等を拒否する処分をする場合は、申請者に対し、処分と同時に、処分の理由を示さなければならない旨が規定されています（例えば、東京都行政手続条例８条）。情報公開請求に対する決定もこの申請に対する処分に該当します。全部公開以外の決定についてはいずれも請求の（一部又は全部の）拒否処分に当たることになりますから、行政手続条例等に定めるところにより、十分な理由を示さなければなりません。また、自治体によっては、渋谷区のように行政手続条例のみならず情報公開条例においても理由附記を義務付けている場合もあります。

■渋谷区情報公開条例
（理由付記等）
第9条の3　実施機関は、第9条各項の規定により公開請求に係る公文書の全部若しくは一部を公開しないとき又は公開請求を却下するときは、公開請求者に対し、当該各項に規定する書面によりその理由を示さなければならない。この場合において、当該理由の提示は、当該処分の根拠規定及び当該規定を適用する根拠が、当該書面の記載自体から理解され得るものでなければならない。

近年、行政処分などについて、理由附記が厳しく求められるようになっており、理由附記が不十分であるとして行政処分が取り消された事例（最判平成23年6月7日判時2121号38頁）もあります。どの程度の理由を附記すればいいかという点が問題となりますが、判例は「公文書の非開示決定通知書に付記すべき理由としては、開示請求者において、本条例9条各号所定の非開示事由のどれに該当するのかをその根拠とともに了知し得るものでなければならず、単に非開示の根拠規定を示すだけでは」、「理由付記の要件を欠くものというほかはない」という判断を示しています（最判平成４年12月10日裁判集民166号773頁）。

この理由の附記に当たっては、相手方にその内容が十分に伝わるようなものでなければなりません。非公開決定等に附記された理由は、取消訴訟等が提起された場合には審理の前提となるということも忘れてはなりません。

また、非公開決定等の段階で附記した理由を訴訟段階で差し替えたり、追加したりすることが問題となる場合もありますが、この点についての学説は分かれています。差替え、追加を認めないとする見解は、訴訟段階で差替え等を認めるならばそもそも理由附記を求めた意味がないということを理由としています。一方、差替え等を認めるとする見解は、訴訟段階での差替え等を認めず訴訟に敗訴し非公開決定等が取り消されたとしても、実施機関が別の理由で非公開決定等を行う可能性があるため、差替え等を認めないとかえって紛争が長期化する可能性があることを理由とします。処分を取り消す判決がなされると、行政庁は同一理由に基づき同一処分を行うことができません（取消判決の拘束力。行政事件訴訟法33条）。しかし、異なる理由であれば拘束力は及ばずに同一の処分を行うことが

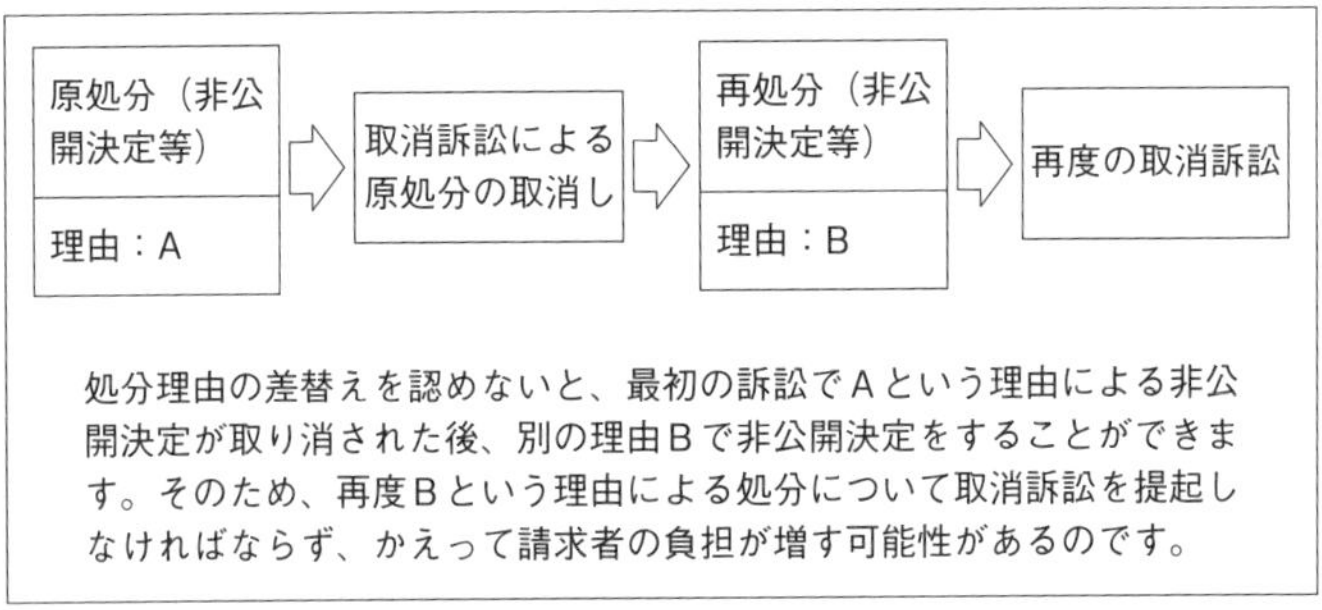
原処分（非公開決定等）
理由：A
取消訴訟による原処分の取消し
再処分（非公開決定等）
理由：B
再度の取消訴訟
処分理由の差替えを認めないと、最初の訴訟でAという理由による非公開決定が取り消された後、別の理由Bで非公開決定をすることができます。そのため、再度Bという理由による処分について取消訴訟を提起しなければならず、かえって請求者の負担が増す可能性があるのです。

図表４―１　理由の差替えを認めないとした場合

できるためこのような問題が生じる可能性があるのです（図表４―１）。

なお、最高裁は、逗子市情報公開条例に基づく非公開決定に関する訴訟段階での非公開理由の差替え、追加について「本件条例の規定をみても、右の理由通知の定めが、右の趣旨を越えて、ひとたび通知書に理由を付記した以上、実施機関が当該理由以外の理由を非公開決定処分の取消訴訟において主張することを許さないものとする趣旨をも含むと解すべき根拠はない」として、理由の差替え、追加を認めるという判断を示しています（最判平成11年11月19日民集53巻8号1862頁）。

ただし、いくら最高裁が理由の差替え、追加を認めた判断をしたことがあるからといって、「不開示決定等の段階では適当な理由にしておいて、もし訴訟になれば真剣に検討すればいいや」などと考えてはなりません。自治体職員としては十分な説明を行う責務を担っていますし、また最高裁においても事案が異なれば理由の差替え等を認めないという判断がなされる可能性もあります。

3 部分公開について

□情報公開法

（部分開示）

第6条 行政機関の長は、開示請求に係る行政文書の一部に不開示情報が記録されている場合において、不開示情報が記録されている部分を容易に区分して除くことができるときは、開示請求者に対し、当該部分を除いた部分につき開示しなければならない。ただし、当該部分を除いた部分に有意の情報が記録されていないと認められるときは、この限りでない。

公開請求を受け付けた実施機関は、形式的審査、実質的審査を経て、請求書ごとに公開、非公開等の決定を行うことになります。しかし、ひとつの行政文書に様々な情報が記録されていて、公開されるべき情報と非公開にされるべき情報とが混在している場合もあります。そのような場合に、非公開情報が記録された部分が、他の部分と容易に区分することができるときは、非公開情報が記録された部分を除いた部分を公開しなければならないこととされています（情報公開法6条1項）。

なお、「容易に区分して」とは、非公開部分と公開部分とを区分し、かつ、非公開部分を物理的に除くことが、公開請求に係る行政情報の保存状況や非公開情報の記録状態、部分公開用の複写又は複製物の作成の時間、労力、費用等から判断して、過度の負担を要せずに行うことができるような場合をいいます。

部分的に除くべき範囲としては、文章であれば文、段落等、表であれば個々の欄等で判断すればいいとされていました（総務省『詳解情報公開法』85頁）。しかし、現在では、請求対象文書の中に公開情報の部分と非公開情報の部分とが混在していて、それが容易に区分できる場合には、非公開情報を除いた部分を公開しなければならないとされています（最判平成19年4月17日判時１９７１号１０９頁）（図表4―2）。

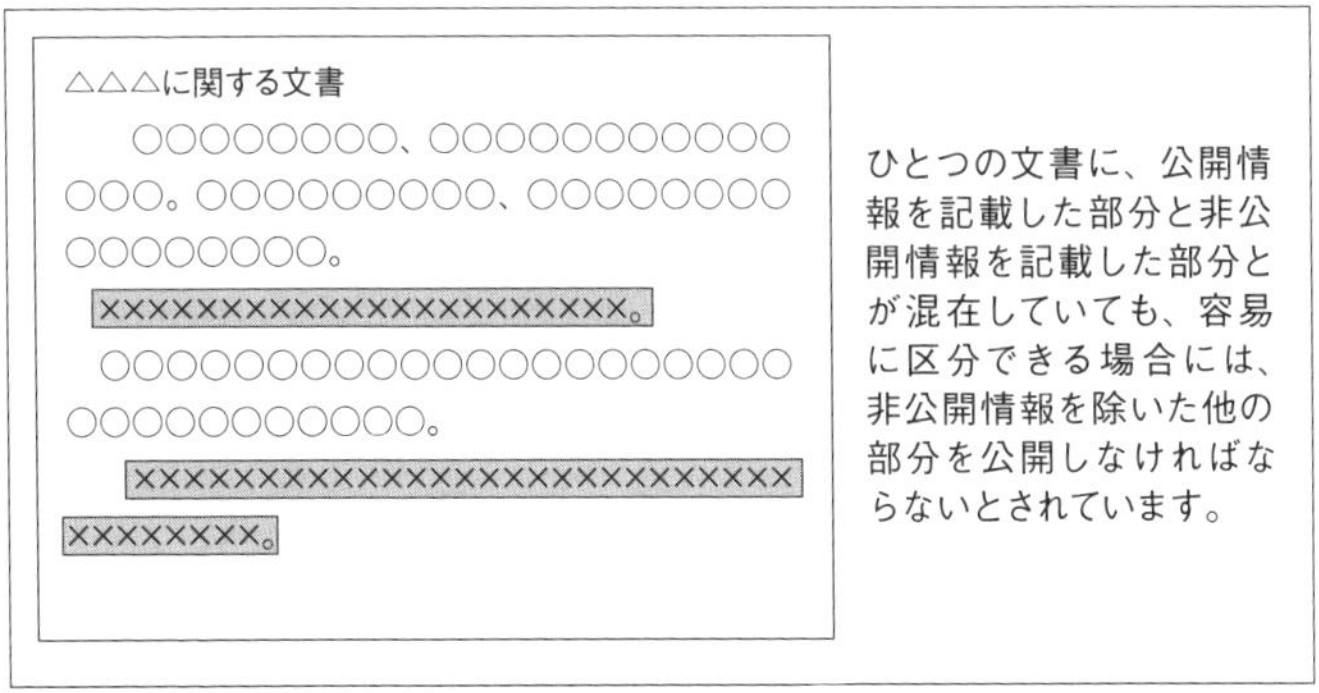
△△△に関する文書
ひとつの文書に、公開情報を記載した部分と非公開情報を記載した部分とが混在していても、容易に区分できる場合には、非公開情報を除いた他の部分を公開しなければならないとされています。

図表４—２　部分的に非公開とする範囲

(1) 有意の情報について

非公開情報が記録された部分を除くと客観的に意味のある情報が残らないような場合にまで当該部分を除いて公開することは、行政機関に過度の負担を強いることになります。そのため、「当該部分を除いた部分に有意の情報が記録されていないと認められるとき」は、行政機関は部分公開を行う義務を負わないこととされています（情報公開法6条1項）。この規定がなければ、例えば様式の中に非公開情報が記入されているようなものについて、様式の「枠」のみでも開示しなければならないという解釈も成り立ってしまう可能性もあります。実際に、自治体の情報公開条例の中には、有意の情報に限定する規定を有していない場合もありますが、そのような場合には請求者の意思を勘案して、単なる「枠」のみの公開を求めていないという解釈を行うことも可能かとは思います。ただし、本来であれば、条例において「有意の情報」に限る旨を明記することが望ましいでしょう。

この条項の規定の適用については、「①不開示情報の記録されている部分が容易に区分されて除かれた後の当該行政文書の一部分であること、及び、②有意の情報が記録されていないと認められるものではないことの各要件を満たす場合であれば、当該一部分は、情報公開法6条1項に基づき開示しなければならない」として、この条件に該当する限り部分公開を行わなければならないものとされています（名古屋高判平成14年12月5日裁判所ウェブサイト）。

「有意の情報が記録されていないと認められるとき」とは、公開請求に係る行政情報から非公開部分を区分して除くと、無意味な文字、数字、様式等のみとなる場合や、断片的な情報や公表された情報のみとなり、請求者が知りたいと求める内容が十分提供できない場合等をいいます。また、「有意」性の判断は、請求の趣旨を損なうか否か、すなわち、公開請求者が知りたいと考える事柄との関連によって判断すべきものではなく、本条では、個々の請求者の意図によらず、客観的に決めるべきであるとされています（総務省『詳解情報公開法』86頁)。「有意の情報」であるかどうかは、公開請求者と実施機関とで理解が異なることがあり得るので、その解釈に当たっては、公開請求の趣旨を損なうことがないように十分配慮しなければなりません。

(2) 個人識別情報の部分公開

個人識別情報の部分公開に関して注意しなければならないのが、情報公開法6条2項の規定です。同条では次のように規定されていますが、皆さんもこの趣旨を考えてみましょう。

□情報公開法

(部分開示)

第6条 (略)

2 開示請求に係る行政文書に前条第1号の情報(特定の個人を識別することができるものに限る。)が記録されている場合において、当該情報のうち、氏名、生年月日その他の特定の個人を識別することができることとなる記述等の部分を除くことにより、公にしても、個人の権利利益が害されるおそれがないと認められるときは、当該部分を除いた部分は、同号の情報に含まれないものとみなして、前項の規定を適用する。

条文を読んでもなかなか理解しにくいと思いますので、法案立案時の説明資料を見てみましょう。それによるとこの項の立法趣旨は、次のように説明されています。個人識別情報は、通常、氏名のように個人が識別できる部分と、その他の部分から成り立っていて、その全体がひとつの個人に関する文書を構成しています。個人識別情報については、公にすることによる権利利益侵害のおそれを具体的に考慮せずに、個人識別情報であるという理由のみで非公開とされます（事項的非公開事由）。しかし、その文書全体を一律に非公開にすると、個人の権利利益保護の必要性を越えて非公開範囲が広くなりすぎるおそれがあります。そのため、情報公開法6条2項では、個人識別情報が含まれる行政情報のうち個人識別性のある部分以外の部分については、公にしても個人の権利利益を害するおそれがないときは、これを公開しなければならないことを規定しています。

一方、法人情報等のような個人識別情報以外の非公開情報の類型は、各号ごとに規定された「おそれ」を生じる範囲で非公開情報の範囲ととらえられ、公開した場合に実質的な

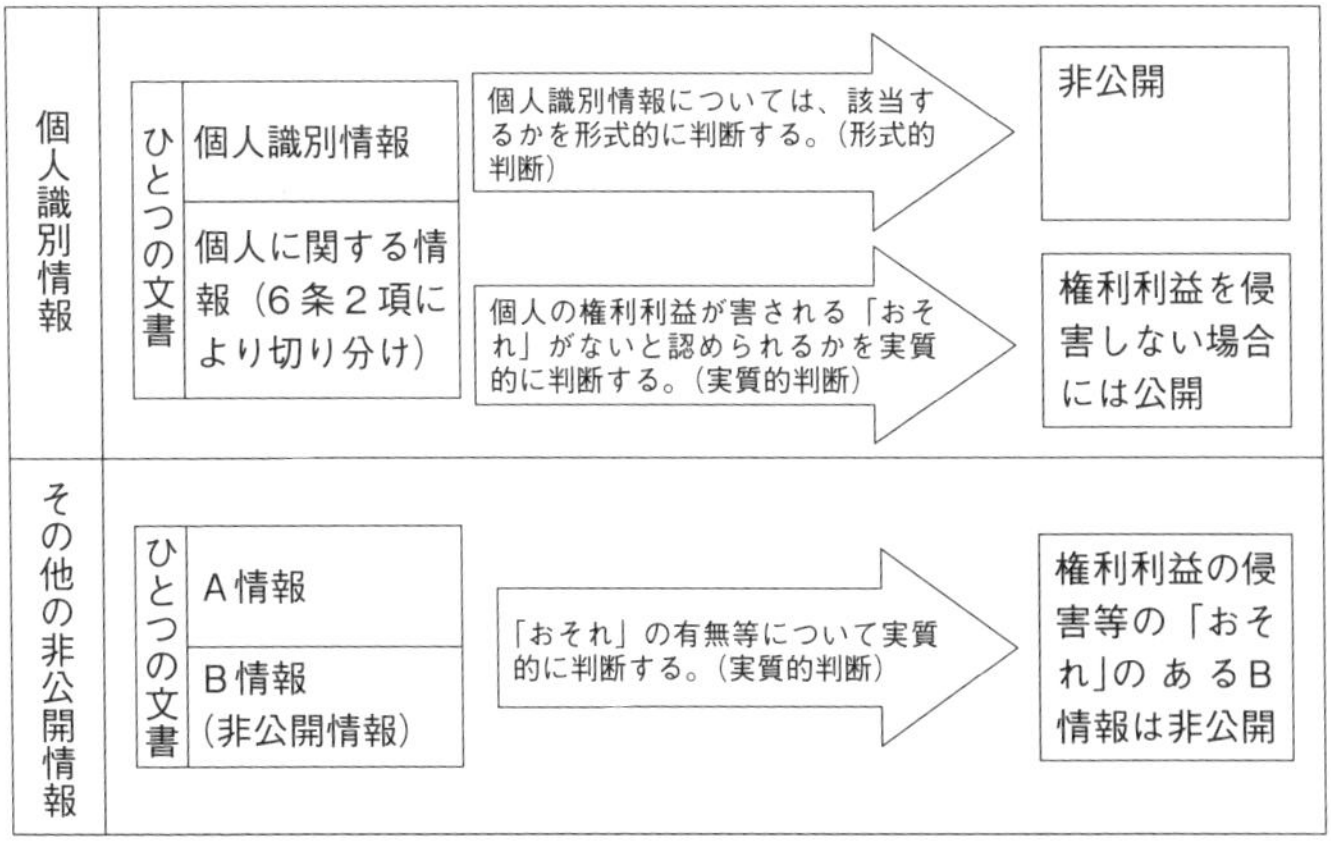

図表4―3　個人に関する情報における非公開部分の考え方

不都合が生じるおそれがある情報のみが非公開情報とされています（定性的非公開情報）。ひとつの文書に含まれる個別の情報を合理的な解釈で細分化して、その個別の情報ごとに権利利益を侵害するおそれ等を判断すれば、非公開範囲が不必要に広くなりすぎるおそれはありません。そのため、情報公開法5条各号に規定される「おそれ」を生じさせる原因となる情報が非公開情報の単位であり、非公開情報の一部分の公開という特別の規定は設けられていません（図表4―3）。

4 教　示

情報公開請求に対する決定等のような行政処分を行う場合には、併せて行政不服審査法および行政事件訴訟法に基づく教示を行わなければなりません。この教示とは、行政庁が行政処分をするときに、相手方にその処分に対する救済方法を教え示すことをいいます。行政不服審査法では、「不服申立てをすることができる旨」、「不服申立てをすべき行政庁」、「不服申立てをすることができる期間」を書面で教示しなければならないとされています（行政不服審査法82条1項）。また、行政事件訴訟法では、「当該処分又は裁決に係る取消訴訟の被告とすべき者」、「当該処分又は裁決に係る取消訴訟の出訴期間」、「法律に当該処分についての審査請求に対する裁決を経た後でなければ処分の取消しの訴えを提起することができない旨の定めがあるときは、その旨」を書面で教示することとされています（行政事件訴訟法46条1項）。

5 第三者保護に関する手続

(1) 第三者への意見照会の趣旨

公開請求の対象になっている行政文書に第三者に関する情報が含まれている場合には、その第三者の利益に配慮し情報公開を行う必要があります。そのため、公開決定等をするに当たり、実施機関は第三者に通知して意見書を提出する機会を与えるという制度が設けられています。そして、実施機関は第三者の意見を考慮して公開、非公開の決定を行うことになります。この第三者への意見照会手続には、義務的なものと任意的なものとがあります。

① 義務的な意見照会

次のいずれかの情報が記録されている行政文書を公開しようとするときは、実施機関は、情報が記録されている第三者の意見を聴かなければならないこととされています（情報公開法13条2項）。この場合の意見照会は、実施機関に義務付けられたものです。ただし、当該第三者の所在が判明しない場合は、意見照会を要さないとされています（東京都情報公開条例15条2項ただし書、情報公開法13条2項ただし書等）。

・第三者の個人識別情報であるが、人の生命、健康、生活又は財産を保護するため、公にすることが必要であると認められるとして公開する場合

・第三者の法人等の情報であるが、人の生命、健康、生活又は財産を保護するため、公にすることが必要であると認められるとして公開する場合

・第三者に関する情報が本来非公開情報であるが、公益上特に必要があるとして公開する場合

② 任意的な意見照会

第三者に関する情報であるが、前述の義務的な意見照会の対象とはならないものについては、実施機関の判断で意見照会を行うことができます（情報公開法13条1項）。この意見照会は、義務的なものではなく実施機関が任意に行うことができるものです。

⑵ **公開に反対する意見が提出された場合**

意見照会を受けた第三者が非公開とすることを求める意見書を提出した場合であっても、実施機関は、必ずしも第三者の意見に従い非公開とする必要はありません。実施機関としては、あくまでも条例の非公開事由に該当するか否かを判断し、非公開事由に該当しない

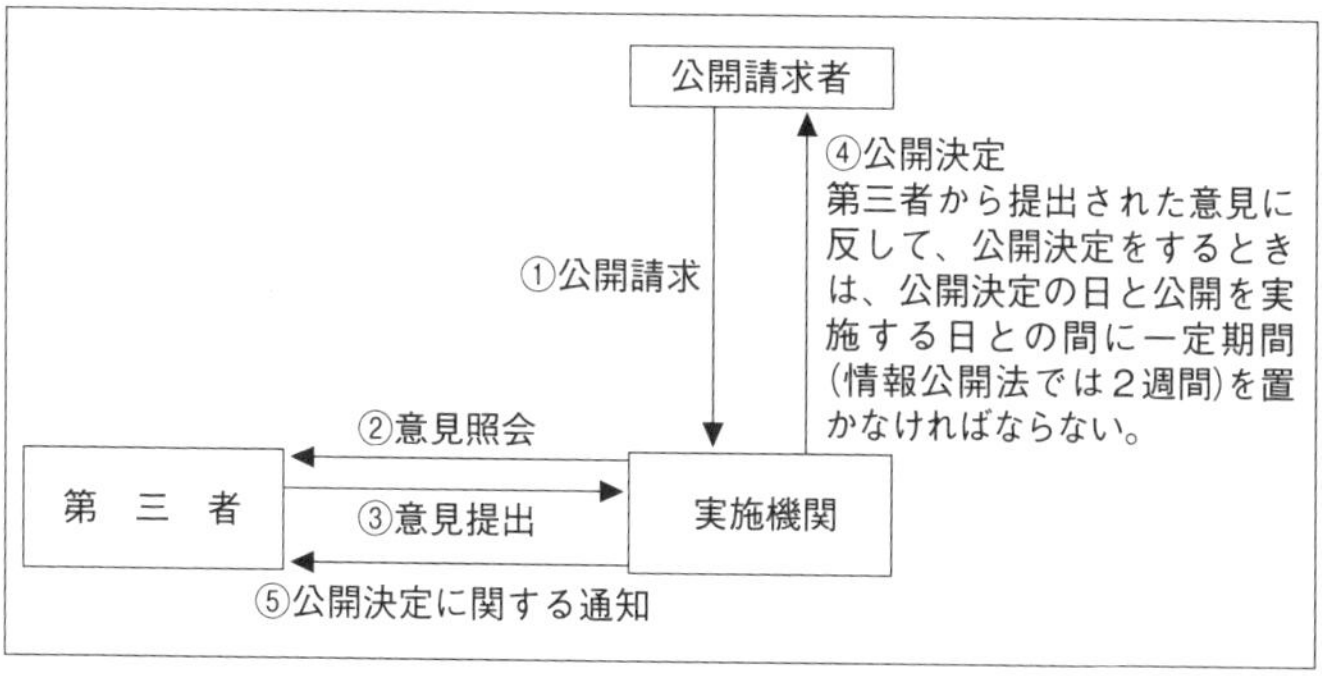

図表４―４　第三者への意見照会手続の流れ

場合には公開しなければなりません。第三者の意見は、あくまでこの判断を行うための参考にとどまります。ただし、例えば公開することによって法人にとって具体的にどのような不利益が生じるかなどは、その法人でなければわからない点もありますので、有効な判断材料になります。

第三者が公開に反対の意思を表示した意見書を提出したにもかかわらず公開決定を行うときには、公開の決定を行った後直ちにその旨を、理由及び公開する日と併せてその第三者に通知しなければなりません。また、公開の決定と公開の実施との間には、不服申立てや訴訟手続等を講ずるに足りる相当の期間（情報公開法では２週間。13条２項）を置かなければなりません（図表４―４）。

なお、行政不服審査法及び行政事件訴訟法では、

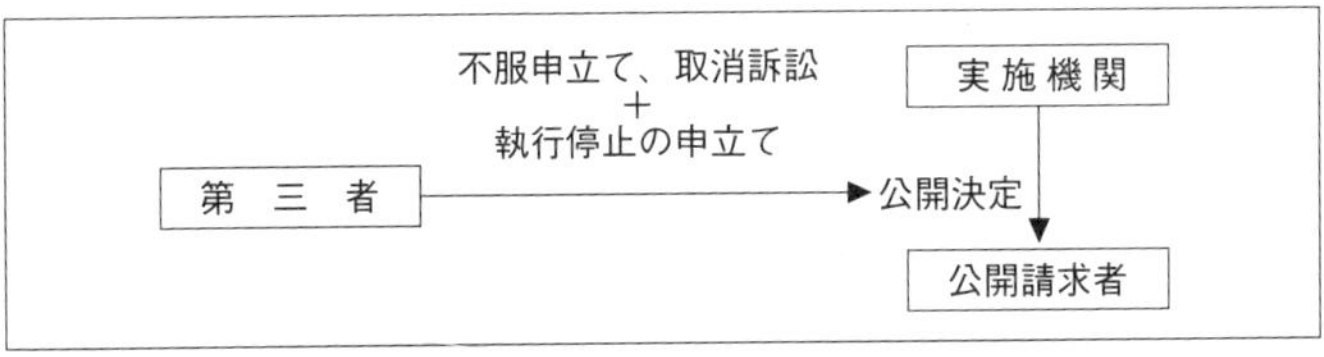

図表４―５　第三者による逆情報公開訴訟と執行停止の申立て

執行不停止の原則がとられているため、不服申立てや取消訴訟が提起されたとしても、実施機関は公開決定等の行政処分の効力を停止させることなく原則どおり公開手続を進めることになります。そのため、不服申立てや取消訴訟を提起する人が公開手続の停止を求めるためには、不服申立てや訴訟提起とあわせて、公開決定処分の執行停止の申立て（行政不服審査法25条、行政事件訴訟法25条）をする必要があります。

(3)　第三者による情報公開訴訟

通常、情報公開に関する訴訟としては、非公開決定等を受けた請求者がその決定の取消しを求める訴訟（取消訴訟）が提起されるのが一般的です。しかし、このように情報公開請求を受けた行政機関が当該情報の公開を決定したところ、当該情報に関係する第三者が、当該情報は非公開情報に該当することを理由として、その公開を防ぐために、公開決定の取消しを求めて訴訟を起こすことも可能です（図表４―５）。このような訴訟は、いわゆる逆情報公開訴訟（逆ＦＯＩＡ（Freedom of Information Act）訴訟）などと呼ばれています。

６　不存在決定について

情報公開請求において求められた行政情報を実施機関が保有していない場合には、実施機関は「不存在決定」を行うことになります。なお、「不存在」は、次のように２つの類型に分かれます。

①法的不存在（情報公開制度の対象となる文書に当たらない）
・当該文書は行政組織内に存在するが、組織共用文書でない場合など
②物理的不存在（対象文書が物理的に存在しない場合）
・実施機関がそもそも作成、取得していない。
・保存年限を過ぎるなどにより廃棄された。
・請求者と行政機関との対象文書の範囲の認識の食い違い

文書の不存在を理由として非公開決定を行う場合は、公開請求者が公開を求めている行政情報を実施機関が管理、保有していないことの理由を明記しなければなりません。記載

内容としては、次のようなものが想定されます。

①法的不存在（情報公開制度の対象となる文書に当たらない）

当該行政情報は○○（文書の性質・不存在の事情等）のため、実施機関では作成及び取得しておらず、存在しない。

②物理的不存在（対象文書が物理的に存在しない場合）

当該行政情報は○年に作成された○年保存の行政情報であるため、○年に廃棄済みであり、現在は存在しない。

なお、次のように不存在の場合の理由附記が不備だとされた裁判例があります。区長車及び議長車のガソリン代の請求書ないし明細書の公開を求めた事案において、請求対象文書が存在するにもかかわらず、実施機関において、「本件公文書は存在しないとの理由で本件非開示処分を行ったことについては、職務上通常尽くすべき注意義務を尽くしたとは到底認め難い」。また、請求対象文書があったにもかかわらず担当係長において「上記の理由で本件公文書が不存在であると判断したというのであれば、『当該文書については、不存在であるため』という理由では何らその趣旨を表していないというほかなく、その理由附記に際しても職務上通常尽くすべき注意義務を尽くしたということはできない」という判断を示しました（東京高判平成23年６月15日判例自治３５０号９頁）。つまり、不存在の決定をする場合であっても単に「当該文書が不存在であるため」という理由のみでは不十分なのです。

また、岡山地判平成28年６月15日（裁判所ウェブサイト）では、文書の不存在決定において「開示請求に係る行政文書を保有していないため」と提示した理由に関して「請求に係る文書を保有していない要因としては、当該文書をそもそも作成していない場合、作成はされたが破棄又は紛失したために現存していない場合、物理的には当該文書が存在するものの決裁等の手続が未了である場合など様々なものがあり得るところ、単に実施機関が請求に係る文書を保有していないという理由のみが示されたとしても、開示請求者においては、どのような要因により実施機関が当該文書を保有していないのかを了知することができず、不服申立てを行うべきか否か等の判断をすることが極めて困難になる。」ことから、「単に当該文書を保有していないという記載のみでは不開示の理由として不十分である」としています。

7　存否応答拒否

□情報公開法

（行政文書の存否に関する情報）

第8条　開示請求に対し、当該開示請求に係る行政文書が存在しているか否かを答えるだけで、不開示情報を開示することとなるときは、行政機関の長は、当該行政文書の存否を明らかにしないで、当該開示請求を拒否することができる。

公開請求を拒否する場合、通常は、当該行政文書は存在しても非公開事由に該当するため非公開とする、あるいはその行政文書が存在しないのであれば「不存在」と決定するなど、文書の存否を明らかにした上で決定を行うことになります。しかし、そのような通知をするだけで、非公開とすべき情報を公開することと同じ結果になるような場合もあります。そのような場合には、行政文書の存否も明らかにすることなく、公開請求を拒否することができます。存否応答拒否あるいはグローマー（Ｇｌｏｍａｒ）拒否といわれるものです。

例えば、こんな答申例があります。特定の期日ごとに、刑事施設において特定の個人と九州管区警察局の職員との面接事実が分かる文書の公開請求に関して、答申では刑事施設における職員との面接の事実が分かる文書が「存在しているか否かを答えることは、特定個人が特定刑事施設に収容されている又は収容されていたという事実及び当該個人が九州管区警察局職員と面接したという事実の有無（略）を明らかにする結果を生じさせると認められる」ものであると判断して、存否応答拒否処分は妥当であるという結論を示しています（平成19年度（行情）答申第３２１号答申・判決デー

ちょこっと
豆知識

行政文書の公開に関する権限の委任

情報公開条例では知事・市町村長、各行政委員会等が実施機関として規定され、それらの機関が公開等の決定を行うことになります。しかし、事務の効率的な配分を図るため、各機関の補助職員（局長、部長、課長等）に公開請求に関する意思決定を委ねるのが一般的です。このような権限の委任を専決（内部委任）といいます。この専決の場合には、内部的に意思決定権限を補助職員に委ねているのみで、決定書等は各実施機関名（知事、市町村長名等）で行います。

タベース)。

なお、存否応答拒否を行う場合においても、理由は附記しなければなりません。その場合には、公開請求に係る行政情報が仮に存在した場合に適用することとなる非公開条項及び当該行政文書の存否を明らかにすることが非公開情報を公開することになる理由を記載することになります。

この点に関して、神戸地判平成29年9月14日（裁判所ウェブサイト）は、「公文書の存否を明らかにしないで公開請求を拒否（いわゆるグローマー拒否）できる場合であっても、当該決定書には、必要かつ十分な拒否理由を付記すべきと解するのが相当である」とされています。なお、この場合の理由附記の方法としては、「当該文書の存否を答えること自体が、○条△号の不開示情報を開示することになるので、請求対処文書があるともないともいえないが、仮にあるとしても、○条△号により不開示情報に該当する」という理由等を示すことになります（宇賀情報公開逐条１３５頁）。

8 公開決定等の期限とその特例

(1) 期限の原則

■東京都情報公開条例

(開示決定等の期限)

第12条 前条各項の決定(以下「開示決定等」という。)は、開示請求があった日から14日以内にしなければならない。ただし、第6条第2項の規定により補正を求めた場合にあっては、当該補正に要した日数は、当該期間に算入しない。

2 実施機関は、やむを得ない理由により、前項に規定する期間内に開示決定等をすることができないときは、開示請求があった日から60日を限度としてその期間を延長することができる。この場合において、実施機関は、開示請求者に対し、速やかに延長後の期間及び延長の理由を書面により通知しなければならない。

3 開示請求に係る公文書が著しく大量であるため、開示請求があった日から60日以内にそのすべてについて開示決定等をすることにより事務の遂行に著しい支障が生ずるおそれがある場合には、前2項の規定にかかわらず、実施機関は、開示請求に係る公文書のうちの相当の部分につき当該期間内に開示決定等をし、残りの公文書については相当の期間内に開示決定等をすれば足りる。この場合において、実施機関は、第1項に規定する期間内に、開示請求者に対し、次に掲げる事項を書面により通知しなければならない。
一　本項を適用する旨及びその理由
二　残りの公文書について開示決定等をする期限

実施機関は、公開請求があった日から条例等で定める一定の期間内に公開、非公開の決定をしなければなりません。例えば、情報公開法では30日以内、東京都情報公開条例では14日以内に決定しなければならない旨が規定されています。なお、請求書に形式的な不備があり補正を求めた場合には、補正後に形式的な要件を満たした請求書の提出があった時点から期間の計算をすることになります。

また、やむを得ない理由のために、期間内に公開決定等をすることができないときは、一定期間の範囲内（情報公開法では30日以内、東京都の場合では60日以内）で期限を延長することができます。期限の延長を行おうとする場合には、実施機関は公開請求者に対し、速やかに延長後の期間及び延長の理由を書面により通知しなければなりません。

なお、条例等で定められた期間を経過してしまったために損害賠償が求められた事案もあるので、注意が必要です（２００頁参照）。

(2) 公開決定期限の特例

公開請求に係る行政情報が著しく大量であるため、公開期間の延長をしても期間内にそのすべてについて公開決定をしようとするならば、事務の遂行に著しい支障が生ずるおそれがあるような場合もあります。そのような場合には、行政活動の円滑な執行と情報公開制度の適正な運用との調整を図るための制度が設けられています。公開決定期限の特例といわれる制度で、実施機関は公開請求に係る行政情報のうちの相当の部分につき一定期間内（例えば、情報公開法、東京都情報公開条例とも60日以内）に公開決定等をし、残りの行政情報については相当の期間内に公開決定等をすることができるというものです。この特例を適用する場合には、公開決定期間内に、公開請求者に対し、①公開決定期限の特例を適用する旨及びその理由、②残りの行政情報について公開決定等をする期限を書面により通知しなければなりません。

この制度はあくまで特例であるため、その適用については慎重に判断しなければなりません。実施機関が誠実に努力しても公開期間内に公開決定等をすることができないと認められる事情をいい、例えば、次のような場合が考えられます。
・一度に多くの種類又は大量の請求があり、対象となる行政情報の特定及び検索に日時を要するとき
・行政情報の内容が複雑多岐にわたり、期間内に公開決定等をすることが困難であるとき
・行政情報に公開請求者以外の個人に関する情報が含まれているため、当該公開請求者以外のものの意見を聴く必要がある場合であって、期間内に公開決定等をすることが困難であるとき
・天災等の発生、緊急を要する業務処理など、その処理のための担当課の通常の業務を越えた事務の負担が生じているとき

9 公開の実施

□情報公開法

（開示の実施）

第14条 行政文書の開示は、文書又は図画については閲覧又は写しの交付により、電磁的記録についてはその種別、情報化の進展状況等を勘案して政令で定める方法により行う。ただし、閲覧の方法による行政文書の開示にあっては、行政機関の長は、当該行政文書の保存に支障を生ずるおそれがあると認めるときその他正当な理由があるときは、その写しにより、これを行うことができる。

■東京都情報公開条例

（公文書の開示の方法）

第16条 公文書の開示は、文書、図画又は写真については閲覧又は写しの交付により、フィルムについては視聴又は写しの交付により、電磁的記録については視聴、閲覧、写しの交付等でその種別、情報化の進展状況等を勘案して都規則等で定める方法により行う。

2　前項の視聴又は閲覧の方法による公文書の開示にあっては、実施機関は、当該公文書の保存に支障を生ずるおそれがあると認めるときその他合理的な理由があるときは、当該公文書の写しによりこれを行うことができる。

行政文書の公開は、請求者の希望により閲覧あるいは写しの交付により行われます。ただし、行政文書の性質や媒体の種類によっては、技術的な制約が避けられない場合もあります。例えば、原本保護の必要性等から原本自体を閲覧に供することが適当でない場合は写しの閲覧又は写しの交付によることになります。また、磁気ディスク等であって部分公開の作業が技術的に困難な場合は印字物に部分削除の加工をしたものの閲覧又は交付によるなどの措置が必要な場合もあります。

また、近年は、スマートフォンやデジタルカメラの普及を反映して、閲覧による公開の実施に際して、公開請求者が持参したカメラ等で撮影をしたいという要求もあります。さらに、ポータブルスキャナーの利用もあり得るのではないでしょうか。このような機器の利用の可否については、管理上の支障や他の窓口利用者への支障等を踏まえて各自治体で判断することになります。

狛江市情報公開条例施行規則4条では、閲覧等の際にカメラ等による撮影を認めることを規定しています。また、東京都、神奈川県、鹿児島県等では、行政文書を閲覧する際にカメラ、デジタルカメラ、カメラ付き携帯電話、ビデオカメラ、携帯複写機、スキャナその他これらに類する機器による撮影、複写又は読み取りをすることを、事務取扱上、認めています。

なお、横浜地判平成29年3月1日（判自429号12頁）は、「写し又は複写したものの交付」を選択した情報公開請求に対して閲覧による旨の公開決定を行った事案に関して、当該地方公共団体の情報公開条例には請求者が求めた公開方法と異なる方法により公開をすることができる根拠規定を設けていないため、「請求者の求めた公開方法による公開を拒否することは、正当な法的根拠を欠くもので許されない」としています。

実施機関が保有する電磁的記録の公開方法が問題となる場合もあります。実施機関は、様々なデータを保有しており、データによっては新たなプログラムを作成しなければ、外部に提供できない場合もあります。そのような場合にまで、公開請求に応じることになると莫大なコストが必要になりかねません。この点について、国の場合には、電磁的記録に関しては行政機関がその保有する処理装置及びプログラムにより行うことができるものによる旨が規定されており、新たなプログラムによる提供までは予定されていません（行政機関の保有する情報の公開に関する法律施行令9条3項3号）。各自治体においても、電磁的記録の公開方法についてはあらかじめ定めておく必要があります。

第5章

救済制度

1　不服申立て

(1)　審査請求の審理手続

行政不服審査法の改正により、行政不服申立ての手続が2016年4月1日から次のように変わりました。改正後の審理手続については、行政不服審査法において自治体ごとに一定の範囲内で独自の制度設計が可能とされています。このため、本書では、情報公開に関する審査請求について一般的な制度を説明することにします。

①　審査庁

法改正によって、行政不服申立ては、原則として、処分庁・不作為庁の最上級行政庁に対する審査請求として行うことになりました。したがって、自治体が保有する文書の公開請求に関する審査請求は、原則として自治体の最上級機関である都道府県知事、市町村長に対して行うことになります（行政不服審査法（以下この章で「法」といいます。）4条4号）。ただし、教育委員会等の行政委員会については、上級行政庁が存在しないため、行政委員会が行った処分に対する審査請求は、公開等の決定を行った行政委員会自身に対して行うことになります（同条1号）。

② 審査手続

審査請求がなされると、審査請求を受け付けた審査庁は、処分・不作為に関係する処分に関与した者以外の職員の中から審理員を指名します（法9条1項）。ただし、行政委員会又は附属機関が審査庁の場合には、この審理員の指名の必要はありません。そして、審理員を指名した旨を、審査請求人および処分庁等に通知することになります。指名された審理員は、主張・証拠の整理などを含む審理を行います。そして、最終的に審理員意見書（審査庁がすべき裁決書の案）を作成し、これを事件記録とともに審査庁に提出する職務を担います（法42条）。審査庁は、審理員意見書の提出を受けたときは、各自治体が設置する行政不服審査会等の第三者機関に審理員意見の妥当性について諮問します（法43条。図表5—1）。一般の審査請求の手続はこのような流れになりますが、情報公開制度における審査請求については、国の場合には審理員制度を適用しないこととされています（情報公開法18条）。自治体においては、情報公開制度のような条例に基づく処分に関しては条例で審理員制度を適用しないとすることができるため（法9条1項ただし書）、情報公開制度においては国と同様に審理員審査を行わない自治体が多いと考えられます。さらに

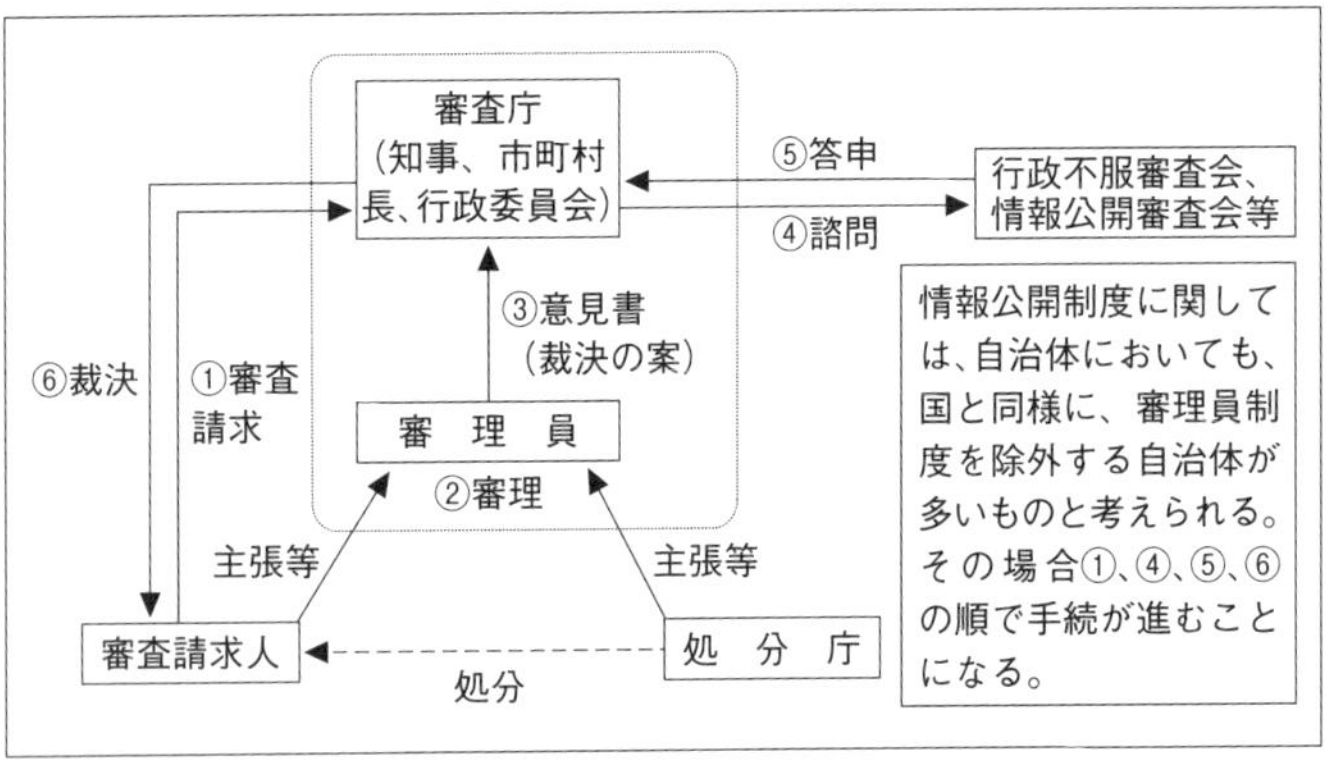

図表５―１　審査請求の審理手続

第三者機関への諮問についても、国と同様に従来どおり情報公開審査会への諮問を行うこととしている自治体が多いのではないでしょうか。情報公開に関する決定のように条例に基づく処分について審理員審査、情報公開審査会への諮問を位置付けるか否かは各自治体の判断により条例で規定することになります（法9条1項ただし書、81条）。

なお、審査請求が期限内になされていない、又は必要事項の記載がない等形式的要件を満たしていない場合には、情報公開審査会等への諮問をせずに却下することができます（法24条）。

審査庁は、審理員意見書、情報公開審査会等の答申を踏まえて裁決を行います。一般的には、意見書や答申の内容を尊重することになりますが、必ずしも意見書等に従わなければならないものではありません。裁決主文が、答申書・意見書と異なる内容である場合については、その理由を附記しなければなりません（法50条1項）。

名古屋地判平成29年10月26日（判例集未掲載）は、条例が定める情報公開審査会への諮問を経ずに行った裁決について「諮問が求められるのは、審査庁以外の第三者である審査会の意見が裁決に当たって考慮されるようにするためである」として、裁決を取りしました。

このように審査請求については情報公開審査会等は諮問は重要な意義を有していますが、次の場合には情報公開審査会等への諮問は要さないこととされています（法43条1項）。

①審査請求期間を渡過している場合、審査請求適格のない者からの審査請求の場合、審査請求に必要的記載事項が記載されていない場合など、審査請求を不適法として却下する場合

②審査請求の全部を認容し、審査請求にかかる行政文書の全部を公開する場合

③審査請求人から、情報公開審査会等への諮問を希望しない旨の申出がされている場合

裁決の種類としては、却下、棄却、認容の3種類があります。却下は、審査請求が申立

期間経過後になされた等のように要件を充足せず不適法な場合になされるものです。棄却は、審査請求の内容を審理したものの申立てを認めるべき理由がない場合になされるものです。認容裁決は、審査請求でなされた請求人のいい分が正当で、非公開決定などが違法、不当な場合になされるものです。

情報公開に関する不服審査の認容裁決については、いくつかのパターンがあります。審査請求に理由がある場合には、審査庁は、裁決で、「非公開決定」あるいは「部分公開決定」を取り消し、又はこれを変更することになります。

処分庁（実施機関）である審査庁が非公開決定等を取り消す場合には、当然、実施機関として公開決定を行うことになります。審査庁が処分庁の上級行政庁である場合に、審査庁が審査請求の対象となった非公開決定等が違法、不当であると判断したときは、非公開決定等の処分を取り消す、又は変更します。さらに、処分庁（実施機関）に対して公開決定等をすべき旨を命ずることができます。

③ 不服申立権者

法2条では、行政庁の処分に不服がある者は、審査請求をすることができる旨が規定されていますが、誰でも不服申立てを行うことができるわけではありません。この点について、最高裁判決（最判昭和53年３月14日民集32巻２号２１１頁）では「当該処分により自己の権利もしくは法律上保護された利益を侵害され又は必然的に侵害されるおそれのある者」とされています。

この最高裁判決によれば、情報公開に関しては、まず非公開決定や部分公開決定などのように公開請求を拒否された請求者が、法律上保護された自己の利益を侵害されたとして不服申立てを行うことができます。さらに、先ほど説明した逆情報公開訴訟型の不服申立てにおいては、自己の情報を公開されることにより、自己の権利を侵害されるおそれがある人も不服申立てを行うことができます。

(2) インカメラ審理

情報公開審査会等の委員が公開請求の対象文書を実際に見分した上で審理を行う場合があります。この手続は、審理が非公開で（in camera）行われるため、インカメラ審理といわれています。この審理は、開示請求の対象となっている文書を実際に確認した上で判断を行うため、非公開とする理由となる情報が当該行政文書に現実に記載されているか、あるいは非公開等の判断や部分公開の範囲等の適法性、妥当性について、客観的に判断することが可能になるなど非常に有効な方法です。現在の訴訟法ではインカメラ審理が認められていないため、インカメラ審理は、訴訟手続では行われずに情報公開審査会の審理に限って行われています。なお、訴訟手続におけるインカメラ審理について判例では「訴訟で用いられる証拠は当事者の吟味、弾劾の機会を経たものに限られるということは、民事訴訟の基本原則であるところ」、「情報公開訴訟において証拠調べとしてのインカメラ審理を行うことは、民事訴訟の基本原則に反するから、明文の規定がない限り、許されないものといわざるを得ない」（最判平成21年1月15日民集63巻1号46頁）としています。

2010年の情報公開法改正案では、情報公開法に基づく訴訟に関してインカメラ審理手続を導入することとし、情報公開条例に係る情報公開訴訟にもこの規定を準用することとしていました。しかし、この法案は、前述のとおり、審議未了により廃案となりました（12頁）。

ただし、行政文書に記録されている情報には、その性質上、特定の最小限度の範囲の者にしか知らせるべきでないものや、情報源・情報公開の方法について当該情報公開の当事者以外には知らせるべきでないものなど、当該情報の性質に応じて特別の考慮を払う必要があるものがあります。このため、情報公開審査会の委員には守秘義務が課されているのが一般的です（東京都情報公開条例24条4項、情報公開・個人情報保護審査会設置法4条

8項等)。

(3) ヴォーン・インデックス

ヴォーン・インデックスとは、文書量又は情報量が多く、複数の非公開に関する規定が複雑に関係するような事案等において、非公開の文書と非公開の理由等とを一定の方式で分類・整理した書類のことをいいます。

情報公開・個人情報保護審査会設置法9条4項は、審査会は、審査請求に係る事件に関し、審査請求人、参加人又は諮問庁に資料の提出を求めることできるとされています。この規定により審査会は審議に当たって、ヴォーン・インデックスを諮問庁に作成させ、その説明を聴くことができます。これにより、事案の概要と争点を明確にし、非公開とすることの適否を迅速かつ適正に判断する上で有効な役割を果たしています。

ただし、ヴォーン・インデックスの作成は諮問庁に負担を課すことにもなるため、文書量などが多く複数の非公開情報の規定が複雑に関係するような事案や、インカメラ審理を行うことの適否を判断する前提として必要な事案等について限定的に行うべきであると考えられます。

2　行政事件訴訟

(1)　取消訴訟

公開請求に関する決定に対しては、決定の取消しを求める訴えを提起することができます。この場合、決定に対してあらかじめ不服申立てを行うことは必要でなく、直ちに訴えを提起することもできます。なお、決定の取消しを求める訴えは、公開請求に関する決定を知った日から6か月以内に提起しなければなりません。また、決定を知らなくても、1年経つと、正当な理由がない限り、提起できなくなります（行政事件訴訟法14条）。この6か月あるいは1年という期間は、行政上の不服申立てをした場合には、それに対する結論が下されてから起算するので、訴えの提起の期限はそれだけ延びることになります。

なお、一般的な行政処分は決定が名宛人に通知されるとその時点で行政処分の内容を知ることができますが、情報公開制度の場合には実際に公開される内容や非公開部分を知ることができるのは決定通知が到達した段階ではなく、実際に行政文書を閲覧した段階です。そのため、期間制限の起算点が決定通知書の到達時点か、あるいは実際に閲覧等をした時点かが問題となります。この点に関して、個人情報保護制度の公開請求に関する事案ですが、最判平成28年3月10日（最高裁判所裁判集民事252号35頁）は、「開示決定等は、（略）当該開示決定等に係る通知書が開示請求者に到達した時点で効力を生ずる」。また、「「処分があったことを知った日」とは、その者が処分のあったことを現実に知った日のことをいい（略）、当該処分の内容の詳細や不利益性等の認識までを要するものではない」。さらに、「本件処分において不開示とされた部分を特定してその理由が示されている」ことから、決定通知書が到達した日を起算日とするとしています。

決定の取消しを求める訴えの原告は、必ずしも公開請求者とは限りません。行政文書の一部又は全部が公開されることになった場合に、それに反対する第三者が取消しの訴えを提起することもあり得ます（逆情報公開訴訟）。

(2) 義務付け訴訟

取消訴訟で非公開決定等を受け訴訟を提起した原告が勝訴した場合には、非公開決定等の処分が取り消されることになります。実施機関は、その後、判決の趣旨に従って全部公開等の決定を行うことになりますが、この決定については法的義務を負うわけではなく、別の非公開理由であれば再度、非公開決定を行うことも法的には可能です（１４９頁参照)。しかし、それでは請求者が行政情報の公開を受けるためには、再度、取消訴訟を提起しなければならないことになります。そのため、義務付け訴訟という制度があります(行政事件訴訟法3条6項、37条の2)。義務付けの訴訟は、行政庁が一定の処分又は裁決をすべきであるにもかかわらず、これをしない場合に、一定の要件の下で、行政庁がその処分又は裁決をすべき旨を命ずることを求める訴訟で、2004年の行政事件訴訟法の改正によって規定されたものです。改正前は、抗告訴訟の類型として、取消訴訟、無効等確認訴訟及び不作為の違法確認訴訟のみが法定され、義務付け訴訟についての明文の規定は存在していなかったため、義務付け訴訟が認められるかどうかは解釈に委ねられていました。こうした問題を踏まえて、抗告訴訟の類型のひとつとして、義務付け訴訟が新しく法定されました。

義務付け訴訟は次の2つの類型に分かれます。

① 申請型義務付け訴訟

この類型は、行政庁に対して申請した者が原告となり、行政庁が一定の処分をすべきことを義務付けるものです。情報公開請求に関しては、公開請求という申請を前提とするものであるため、この類型の義務付け訴訟を提起することになります。なお、訴訟を提起できる要件は、次のとおりです。なお、この訴訟の原告は、法令に基づく申請又は審査請求をした者に限られます。

・申請又は審査請求に対し相当の期間内に何も処分又は裁決がされないこと(不作為型)。
・法令に基づく申請を棄却する旨の処分等がなされた場合において処分等が取り消されるべきものであり、又は無効若しくは不存在であること（拒否処分型)。

不作為型の義務付け訴訟と拒否処分型の義務付け訴訟とでは、このように訴訟要件が異なります。

また、原告が勝訴するために必要な要件は、次のいずれかに該当することです。

・請求に理由があると認められ、処分をすべきことが根拠法令の規定から明らかであること。
・請求に理由があると認められ、処分をしないことが裁量権の範囲を越え、又は濫用となること。

なお、申請型義務付け訴訟については、取消訴訟等を併せて提起しなければならないといった、手続的なルールが定められています。

② 直接型義務付け訴訟

この類型は、申請権を前提としないで、行政庁に対し一定の処分をすべきことを義務付けるパターンです。その典型例は、申請権を有しない周辺住民が、行政庁に対して、環境に悪影響を及ぼしている事業者に対する規制権限の発動を求めるといったものです。情報公開請求には、関係のない訴訟類型ですが、参考として理解しておいてください。

3 審査庁、裁判所の判断基準時

情報公開の対象となった文書は、時間の経過とともにその性格が変わる場合があります。例えば、公開請求のなされた時点では、審議過程のために非公開とされたものであっても、その後審議が終了し公開することができる場合もあります。そのような場合には、時期によって公開、非公開の判断が変わることもあります。そのために、審査請求や取消訴訟がなされた場合には、公開等の決定の段階を基準として判断するか、あるいは審査請求や訴訟の段階を基準にして判断するかなどという点が問題となります。

	処分時	裁決時	裁決の趣旨
審査庁の認定	非公開事由に該当	非公開事由に該当	非公開とすべき
		非公開事由に該当しない	公開すべき
	非公開事由に該当しない	非公開事由に該当	行政不服審査法48条により当初処分どおり(公開)※
		非公開事由に該当しない	公開すべき

非公開決定の時点と裁決の時点では事実関係が変化することがあるが、最終的には裁決時の事実関係に基づき裁決を行うことになる。
※法48条に規定により、審査請求者にとって不利益な内容に変更することは禁止されている。

図表5—2　非公開決定に対する審査請求の判断時期

(1) 審査請求

審査請求は、行政処分に関して行政機関が審査するもので、行政機関の自己統制の制度として位置付けられています。そのため、審査庁が行政機関として、再度、公開すべきか否かを判断することになりますので、審査庁の裁決時の事実関係に基づいて違法、不当（公開、非公開等）を判断することになります（図表5—2）。

(2) 取消訴訟

取消訴訟に関して、裁判所が非公開決定等の違法性を判断する基準時としては、非公開決定等の決定時とする説と取消訴訟の口頭弁論終結時とする説とがあります。このうち、決定時とする説が通説、判例であるとされていますが、この説では、取消訴訟は非公開決定等の違法性を判断するものであるため、非公開決定等を行った時点の事実関係において違法性を判断するべきだと考えます。

第6章

情報公開と自治体等の責任

情報公開に関して自治体や職員が責任を問われることがあります。自治体としては損害賠償責任を問われる可能性がありますが、職員としても守秘義務違反等が問題となる可能性があります。自治体として、あるいは職員としての責任を十分に理解して、適切に対応しなければなりません。

1　自治体が負う損害賠償責任

自治体が負う損害賠償責任としては、自治体が情報公開請求に従って第三者等の情報を公開したことによって第三者等から損害賠償請求をなされる場合、及び情報公開請求に対して非公開の処分を行ったことなどに対して公開請求者から損害賠償請求をなされる場合の2種類があります。

自治体が負う損害賠償責任の根拠としては、国家賠償法1条があり、「国又は公共団体の公権力の行使に当る公務員が、その職務を行うについて、故意又は過失によつて違法に他人に損害を加えたときは、国又は公共団体が、これを賠償する責に任ずる」と規定されています。

(1) 公開決定に対する損害賠償

情報公開制度において、第三者の個人情報を公開したことに関して、自治体が第三者から損害賠償を請求される可能性があります。このようなケースとしては、「違法に」第三者の個人情報を公開したことにより、その第三者に損害を与えた場合に自治体が損害責任を負うことになります。国家賠償法1条に規定する「違法」の内容が問題となりますが、この点について主要な見解として公権力発動要件欠如説と職務行為基準説との2つの見解があります。

まず、公権力発動要件欠如説は、行政活動の根拠法令によって定められた要件が欠如しているにもかかわらず行政活動が行われた場合に、国家賠償法上も違法になるという説です。行政処分自体の違法性と、国家賠償法上の違法性とを同一のものと考えるため、違法性同一説ともいわれています。この説では、国家賠償法上の違法性は、情報公開制度においては、公開決定等が情報公開条例等に関しての違法性と一致することになり、公開決定等が違法なら賠償責任を負うことになります。

一方、職務行為基準説は、公務員が行政活動を行うに際して職務上尽くすべき注意義務に違反した場合に、違法になるという説です。この説では、国家賠償法上の違法性は、情報公開決定に関する違法性とは必ずしも一致しません。このため、公開決定等が違法だと判断された場合でも、職務上の注意義務違反がなければ賠償責任を負わないことになります。現在の通説、判例は、職務行為基準説によっているため、公開決定等が違法だと判断された場合であっても、必ずしも損害賠償責任が問われるわけではありません。

自治体の賠償責任を認めた裁判例として、次のようなものがあります。住民投票条例制定請求において条例制定請求代表者から署名収集の委任を受けた被控訴人らが、その氏名等を記載した署名収集委任届出書を市情報公開条例に基づき市長により公開され、プライバシーの権利を侵害されたとして、市に対し国家賠償法1条1項に基づき損害賠償を請求した事案です。判決は「本件個人情報は、慎重に取り扱われるべきものであるといえる。にもかかわらず、大洲市長は、本件条例14条1項に規定する第三者の意見の聴取などを行うことなく、本件条例に違反して本件情報公開を行ったものであり、（略）大洲市長には本件情報公開をしたことにつき少なくとも過失があるというべきである」として、5万円及び利息の支払いを命じました（松山地判平成15年10月2日判時1858号134頁）。この裁判例では、職務行為基準説によることを明確にしてはいませんが、単に非公開情報を公開したことのみで賠償責任を負うとしたわけではなく、第三者への意見聴取等必要な手続を怠っていることを理由に賠償責任を認めていることから、公権力発動要件欠如説ではなく職務行為基準説によっているものと考えられます。

(2) 非公開決定に対する損害賠償

情報公開請求に対して非公開決定を行ったことに関して、公開請求者から自治体が損害賠償請求をされる可能性もあります。この形の損害賠償請求については、次のような裁判例があります。静岡県公文書の公開に関する条例に基づき、県の食糧費に関する文書の公開を求めた上告人が、知事及び担当職員が虚偽の公文書作成及び違法な公金支出に関する事実を隠ぺいする目的で本件各一部非公開の判断をしたことなどが国家賠償法上違法な行為であるとして、国家賠償法1条1項に基づき、被上告人に対し、損害賠償を求めた事案の上告審です。この判決において、まず、「条例に基づく公文書の非開示決定に取消し得べき瑕疵があるとしても、そのことから直ちに国家賠償法1条1項にいう違法があったとの評価を受けるものではなく、公務員が職務上通常尽くすべき注意義務を尽くすことなく漫然と上記決定をしたと認め得るような事情がある場合に限り、上記評価を受けるものと解するのが相当である」として先に説明した職務行為基準説に従うべきことを明らかにしました。そのうえで、本件各非開示決定に係る判断に関与した職員が職務上通常尽くすべき注意義務を尽くすことなく漫然と上記判断をしたと認め得るような事情があったとは認められないとして、県の損害賠償責任を否定しました（最判平成18年4月20日裁判集民220号165頁）。

また、地方裁判所の判決で、後に高等裁判所で判断が覆った事案ですが、非公開決定に関して損害賠償責任が認められた裁判例もあります。最高裁判所事務総局秘書課長が「最高裁判所の保有する司法行政文書の公開等に関する事務の取扱要綱」に基づく公開申出に係る司法行政文書（ロッキード事件関係）を公開しなかったことなどが違法であり、これによって損害を被ったとして、国家賠償法1条1項に基づき損害賠償を求める事案において、ロッキード事件に関する当時の審議、検討等の過程が現時点において重層的、連続的性質を有するとは考え難いから、非公開部分を公開しないこととした秘書課長の措置は誤ったものであり、国家賠償法上も違法であるとして、上記非公開による慰謝料5万円と弁護士費用1万円の合計6万円を求める限度で請求を認容しました（東京地判平成16年6月24日判時1917号29頁）。ただし、控訴審では「最高裁判所は、上記のような開示申出書の記載及び文書管理を前提として、その保有し得べき司法行政文書のうち上記に該当し得るものを調査、特定した上、その全部を対象として、個々の司法行政文書の存否及び不開示事由の有無を調査、検討して上記の一部開示の措置を執ったものであることが認められる。したがって、本件（略）に係る開示の申出に対する措置は尽くされており、遺漏があったとはいえない」として損害賠償責任を否定しました（東京高判平成17年2月9日高裁民集58巻1号13頁）。

情報公開請求に関して損害賠償請求が認容された事案として大阪地判平成31年3月14日（判タ1463号132頁）があります。「小学校の設立趣意書」等については公にすることにより当該法人の権利、競争上の地位その他正当な利益を害するおそれがあるものとして一部不開示決定を行ったことに関して、正当な利益を害するおそれは「抽象的な可能性にとどまるというべきであり、そのような可能性があることをもって、法的保護に値する蓋然性があると評価する余地はない」として「不開示情報に該当しないことが明らかというべきである」と判断をした上で、「何ら合理的な根拠がないにもかかわらず、本件不開示部分記載の情報が不開示情報に該当するとの誤った判断をしたものといわざるを得ず、職務上通常尽くすべき注意義務を尽くすことなく漫然と本件不開示決定をした」として5万5000円及び遅延損害金についての賠償責任を認めました。

(3) 公開決定の遅延に対する損害賠償

情報公開請求を受け付けた場合には、実施機関は情報公開条例等で定められた期限までに公開、非公開等の決定を行わなければなりません。正当な理由なくこの期限を経過してしまった場合には、決定が遅延したことに関して、公開請求者から損害賠償を求められる可能性があります。

この点についても裁判例があります。日米地位協定に関する考え方を記した文書の公開請求に関して、決定が情報公開法10条所定の期限より7日間遅れてされたことについて損害賠償請求がなされた事案です。判決では、「開示請求者が所定の期限内にその開示請求に対する開示又は不開示の決定を受けることができなかったとしても、それによって直ちに開示請求者の個人的な権利利益が侵害されたものと解すべきではなく、当該開示請求に対する開示又は不開示の決定の期限の不遵守が社会通念上一般人において受認すべき限度を超えない限り、国家賠償法上の違法行為を構成することはないと解するのが相当である」として、国家賠償法1条1項所定の違法がないとされました（東京高判平成18年9月27日訟月54巻8号1596頁）。この判決のポイントは、単に公開期限を徒過したのみで賠償責任を負うのではなく、期限の不遵守が社会通念上一般人において受忍すべき限度を超えない限り賠償責任を負わないという判断を示したことにあります。

(4) 公開対象文書が廃棄されたことに対する損害賠償

行政文書が保存すべき期間を経過していないにもかかわらず違法に廃棄された場合には、公開請求権者個人の具体的な情報公開請求権を侵害する行為として損害賠償責任を問われる可能性があります。

この点に関する裁判例としては、世田谷区長の交際費に係る領収書が文書管理規程に反して廃棄されたために、情報公開請求権が侵害されたとして住民が損害賠償を求めた事案があります。判決では、「本件領収書が既に具体的な情報公開請求の対象となっていたと認めるに足りる証拠がない以上、本件領収書の破棄が直ちに原告の具体的な情報公開請求権を侵害する行為に当たるとはいえないというべきである」として、損害賠償責任を否定しました（東京地判平成6年8月10日判自133号25頁）。ただ、判決の中で「情報公開制度の趣旨にかんがみれば、現に具体的な情報公開請求の対象となっていない文書等についても、例えば、文書等の管理者が、将来における情報公開請求の可能性を考慮し、専らその公開を回避する目的で文書等の破棄を行ったような特別の事情がある場合には、文書等の破棄行為が、私人の情報公開に関する法的利益を侵害するものとして、国家賠償法上の違法な行為となり得る可能性がある」ということも指摘しています。自治体職員としては、当然のことですが、この判決の趣旨も十分に理解し、公開請求を回避するような文書の廃棄は決して行ってはなりません。

2 情報公開と職員の責任（守秘義務との関係）

情報公開条例に基づく行政文書の公開については「原則公開」と説明をしてきました。このことに対しては、「職員には守秘義務があるのに『原則公開』で本当にいいのか、行政文書を公開してしまって守秘義務違反の責任が問われることがないのか」という疑問を持つ人もいるのではないでしょうか。

確かに自治体職員は地方公務員法34条で守秘義務が課されています。この守秘義務の対象となる秘密とは、実質秘（非公知の事実であって、実質的にそれを秘密として保護するに値するもの）に限られるとされています。この実質秘を漏らせば地方公務員法等違反となり、懲戒処分を受けたり、又は刑事罰の対象となる可能性があります。一方、情報公開制度では、原則公開という理念に基づくもので、非公開事由以外の情報は公開しなければならないこととされています。

ここで、情報公開と守秘義務との関係が問題となりますが、この点については、行政機関に課された義務と職員に課された義務とを明確に区別して判断する必要があります。行政機関が違法に公開決定を行い第三者に損害を与えた場合には行政機関として損害賠償責任を負うことになります。それはあくまで行政機関としての責任であって、公開決定に携わった公務員個人の責任とでは、問題の次元が異なります。そのため、公開決定が違法であったとしても、直ちに守秘義務違反を問われることはありません（下井康史『行政法の争点〔第３版〕（ジュリスト増刊法律学の争点シリーズ９）』（有斐閣、２００４年）１８９頁）。

ただし、職員個人としてはあくまで自治体としての組織的な意思決定や上司の命令に従う義務があります。そのため、適正な決裁等の自治体としての意思決定を経ることなく独断で非公開情報を公開し、その情報が実質秘に含まれる情報であれば守秘義務違反に問われる可能性があります。さらに、上司の命令に従う義務に違反したとして懲戒処分の対象とされることもあり得ます。

○情報公開における公開義務　→　行政機関（実施機関）に課された義務
○守秘義務　→　職員個人に課された義務

例えば外務省の「行政機関の保有する情報の公開に関する法律に基づく公開決定等に関する審査基準」（平成13年4月制定、平成30年9月改正）では、「国家公務員法第100条は外務公務員法第3条及び第4条により外務公務員にも適用されているが、国家公務員法第100条は国家公務員の服務規律の確保を目的とするものであり、国家公務員法第100条第1項の『秘密を漏らす』に係る規定は、服務規律に反しないことが明確な行為をも禁じているものではない。国家公務員法第98条第1項にも定められているように、国家公務員がその職務を遂行するにあたっては、法律に従うことは主要な義務の一つであり、法律の規定に従って情報を公開する行為は、服務規律に反するものではない。したがって、情報公開法の規定に基づいて行政文書を公開する行為は、国家公務員法第100条第1項にいう『秘密を漏らす』行為には該当せず、同条の秘密を守る義務との抵触の問題は生じず、国家公務員法の守秘義務違反による責任は問われない」としています。

3 著作権法との関係

第三者の未公表著作物を著作者本人の許諾を得ずに公開することは著作権法18条で定める公表権の規定により禁止され、著作物の写しを著作者本人の承諾を得ずに交付することは同法21条の複製権の規定により禁止されています。なお、この公表権とは、自分の著作物で、まだ公表されていないものを公表するかしないか、するとすれば、いつ、どのような方法で公表するかを決めることができる権利のことです。また、複製権とは、著作物を印刷、写真、複写、録音、録画などの方法によって有形的に再製する権利のことです。

これらの規定と情報公開制度との関係も問題となります。そこで、情報公開制度と著作権法上の公表権、複製権等との調整を行うために、情報公開法の制定の際に、「行政機関の保有する情報の公開に関する法律の施行に伴う関係法律の整備等に関する法律」によって、著作権法の改正が行われています。

その内容としては以下のとおりです。

(1) 公表権との調整

① 公開の同意（著作権法18条3項）

著作者が「未公表の著作物」を行政機関に対し別段の意思表示をせずに提供した場合には、情報公開法又は情報公開条例に基づく開示に同意したものとみなします。

② 公表権の適用除外（著作権法18条4項）

公益上の義務的公開、裁量的公開等の場合の「未公表の著作物」の公開については、著作者の意思のいかんを問わず、公表権の規定を適用しません。

したがって、未公表の著作物について公開請求がなされた場合には、その著作者が別段の意思表示なしに行政機関に提供された場合には、情報公開法又は情報公開条例に基づく公開に同意したものとみなし、公開することができます。また、その著作者が公開を望まない等の意思表示をした場合であっても、公益上の義務的公開、裁量的公開等として未公表の著作物を公開することは可能です。

(2) 複製権等との調整（著作権法42条の2）

情報公開法又は情報公開条例で定められた方法によって、著作物の写しの交付等を必要と認められる限度において行う場合には、複製権等の著作権を害することとはなりません。

したがって、情報公開条例に基づいて著作物の写しの交付等を行うことは、著作権を害することなく、可能となります。

第7章

情報公開制度以外の情報請求

弁護士法、刑事訴訟法、民事訴訟法に基づく照会等への対応について、それぞれの法令の規定と情報公開制度とではその趣旨及び目的を異にしています。そのため、照会等に対する諾否については、情報公開条例の規定によることなく、照会等の根拠となった法令の趣旨、当該照会の目的、対象行政情報の内容等を総合的に判断して個別具体的に判断することになります。

1　回答義務

弁護士法、刑事訴訟法、民事訴訟法に基づく照会については、罰則はないものの、回答すべき公法上の義務があるものと解されています。最判平成28年10月18日民集70巻7号1725頁は、弁護士法23条の2に基づく照会の制度の趣旨は「弁護士が受任している事件を処理するために必要な事実の調査及び証拠の発見収集を容易にし，事件の適正な解決に資することを目的とするもの」であるとした上で、「照会を受けた公務所又は公私の団体は照会を行った弁護士会に対して報告をする公法上の義務を負う」としています。ただし、同判決では「公務所又は公私の団体において報告を拒絶する正当な理由があれば全部又は一部の報告を拒絶することが許される」という判断も併せて行っています。このため、自治体等においてこの照会を受けた場合には報告を拒絶する正当な理由の有無について検討する必要があります。

2 損害賠償責任

弁護士法等に基づく照会等に関連して、自治体に対して損害賠償を請求される可能性があるのは、回答しなかったことによって請求した弁護士などに損害が生じた場合と、照会等に回答したことによって第三者のプライバシー等を侵害した場合との２つのパターンが想定されます。

(1) 回答しなかった場合の賠償責任

弁護士法等に基づく照会に対しては、原則として回答義務があることから、自治体が回答を行わなかった場合には損害賠償を請求される可能性があります。この点に関して、次のような裁判例があります。

弁護士からの申出に基づき、愛知県弁護士会長が、岐阜中消防署の救急活動に関し、弁護士法23条の２に基づくいわゆる弁護士照会をしたところ、同署長が本件照会に応じない旨の回答をしたことに対して、申出を行った弁護士等が、行政事件訴訟法４条及び39条に基づく本件拒否回答が違法であることの確認、同法３条６項２号及び37条の３に基づく本件照会への回答の義務付け並びに国家賠償法１条１項に基づく慰謝料等の損害賠償を求めた事案です。判決においては「弁護士照会の被照会者が、照会に対する回答・報告を正当な理由なく怠り、申出弁護士の業務遂行の利益や、依頼者の裁判を受ける権利ないし司法手続により紛争を解決する利益が侵害されたと評価しうる場合には、被照会者は、これにつき損害賠償責任を負うことがありうるものというべきである」とし、本件においては回答を拒絶する正当な理由がないことから賠償責任を認めました（名古屋高判平成23年７月８日金融法務事情１９８８号１３５頁）。

⑵　回答した場合の賠償責任

弁護士会等からの照会に対して、第三者の個人情報を回答したことに対してその第三者から損害賠償を請求される可能性もあります。こちらは、とても有名な最高裁判例がありますので、見ておきましょう。

京都市伏見区長が弁護士会からの弁護士法23条の２に基づく照会に応じて第三者の前科

犯罪歴を回答したのは違法であるとして、市に対し、損害賠償等を求めた事件の上告審です。判決では「前科等の有無が訴訟等の重要な争点となつていて、市区町村長に照会して回答を得るのでなければ他に立証方法がないような場合には、裁判所から前科等の照会を受けた市区町村長は、これに応じて前科等につき回答をすることができるのであり、同様な場合に弁護士法23条の２に基づく照会に応じて報告することも許されないわけのものではないが、その取扱いには格別の慎重さが要求されるものといわなければならない」。「市区町村長が漫然と弁護士会の照会に応じ、犯罪の種類、軽重を問わず、前科等のすべてを報告することは、公権力の違法な行使にあたると解するのが相当である」として市の賠償責任を認めました（最判昭和56年４月14日民集35巻３号６２０頁）。

□弁護士法

（報告の請求）

第23条の2　弁護士は、受任している事件について、所属弁護士会に対し、公務所又は公私の団体に照会して必要な事項の報告を求めることを申し出ることができる。申出があつた場合において、当該弁護士会は、その申出が適当でないと認めるときは、これを拒絶することができる。

2　弁護士会は、前項の規定による申出に基き、公務所又は公私の団体に照会して必要な事項の報告を求めることができる。

□刑事訴訟法

第197条　捜査については、その目的を達するため必要な取調をすることができる。但し、強制の処分は、この法律に特別の定のある場合でなければ、これをすることができない。

2　捜査については、公務所又は公私の団体に照会して必要な事項の報告を求めることができる。

□民事訴訟法

（調査の嘱託）

第186条　裁判所は、必要な調査を官庁若しくは公署、外国の官庁若しくは公署又は学校、商工会議所、取引所その他の団体に嘱託することができる。

3 職員として注意すべき点は

近年、ますますプライバシーの権利が重要視されるようになってきています。こうした中で自治体職員の皆さんは個人情報保護条例においても規定されているように個人情報の適正な取扱いに注意する必要があります。個人情報の適切な管理を怠ると場合によっては次のような問題が生じる可能性があります。例えば、公務員が個人のプライバシーに属する事項をもらした場合は、地方公務員法34条1項の守秘義務違反として、1年以下の懲役又は3万円以下の罰金の責任を問われる可能性があります。刑法においても医師などについては秘密漏示罪として6か月以下の懲役又は10万円以下の罰金が規定されています。この秘密漏示罪については、罰金については公務員の守秘義務違反より重い刑が規定されていますが、懲役では守秘義務違反のほうが長期の懲役刑を規定しているように、守秘義務違反の方がより厳しく処罰されているものと考えられます。やはり公務員に課せられた責任はそれほど重いものです。

この他にも公務員が有する秘密は、法律上、強く守られています。例えば、証人、鑑定

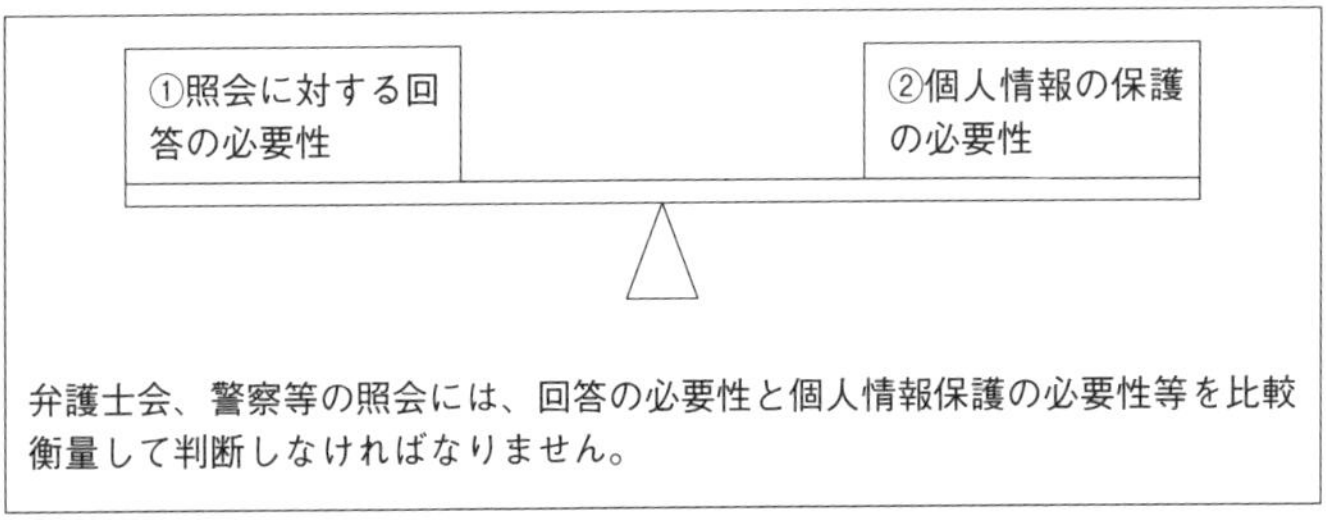
①照会に対する回答の必要性
②個人情報の保護の必要性
弁護士会、警察等の照会には、回答の必要性と個人情報保護の必要性等を比較衡量して判断しなければなりません。

図表７―１　個人情報の保護と回答の必要性とのバランス

人等として公務員が証言等をする場合には、任命権者の許可がいるなど厳しく秘密が守られるようになっています（地方公務員法34条2項）。

先ほど説明したように、法令に基づく照会であっても軽率に個人のプライバシーにかかわるような情報を外部に出したことによって行政の責任が問われることがあるので十分に留意する必要があります。

自治体には警察や弁護士会などから各種の照会がなされることがありますが、そのような場合であっても安易に回答することなく、①照会に対する回答の必要性と、②求められている個人情報の保護の必要性などを十分に勘案して、回答するかあるいは回答を拒否するかを検討しなければなりません（図表7―1）。前述の判例のいう「漫然と」回答するようなことは決して行ってはならないのです。

第8章

濫用的な公開請求への対応

1　濫用的な公開請求の問題性

ここまで述べてきたように自治体における情報公開請求制度は主権者である住民にとって非常に重要な制度であるため、広く住民に保障されなければなりません。そのため、情報公開請求は、原則として何ら制限されることなく請求目的等によらず広く認められています。しかし、住民が情報公開請求権を濫用的に行使し、その対応に多くの時間と労力を費やす自治体も多くなってきています。いわゆる濫用的請求の例としては次のようなものがあります。

・正当な理由なく、対象文書の公開を受けずに請求を繰り返す。
・同一文書への請求を繰り返す。
・特定の個人または職員等への誹謗、中傷、威圧、攻撃など情報公開と直接関係のない事柄を主たる目的とし、害意を持って請求する。
・公開請求の名目で職員を恫喝する。説明を強要する。

2 濫用的な公開請求への対応

こうした公開請求について、自治体としては権利の濫用などとして、公開請求を拒否することが許されるかという点が問題となっています。情報公開法においては、公開請求が権利の濫用と認められる場合についての明文の規定はなく、権利の濫用と認められる場合かどうかについては、一般法理により判断されています。例えば、総務省が定める「情報公開法に基づく処分に係る審査基準」（平成13年3月30日制定）においては、公開請求が権利濫用に当たる場合には、公開しない旨の決定をすることとされています。さらに、権利濫用に当たるか否かの判断は、「開示請求の態様、開示請求に応じた場合の行政機関の業務への支障及び国民一般の被る不利益等を勘案し、社会通念上妥当と認められる範囲を超えるものであるか否かを個別に判断して行う」こととし、「行政機関の事務を混乱又は停滞させることを目的とする等開示請求権の本来の目的を著しく逸脱する開示請求は、権利の濫用に当たる」としています。

(1) 裁判例

濫用的請求に関する最高裁判決はまだありませんが、下級審判決においては、権利の濫用として判断するものと文書の特定が不十分であると判断するものとがあります。権利の濫用とは、情報公開請求権という権利であっても濫用は許されないとする法の一般原則に基づくものです。一方、文書の特定は、情報公開請求に当たっては「行政文書の名称その他の開示請求に係る行政文書を特定するに足りる事項」を記載しなければならないとされている（情報公開法4条1項2号）にもかかわらず、著しく大量な文書の公開請求では請求対象文書を特定するに足りる事項が記載されていないため不適法と判断するものです。

① 権利の濫用に関連する裁判例

まず、行政機関の側からの当該情報公開請求が権利の濫用であるとの主張が認められなかった事案については、例えば、関東運輸局長に対してなされた「練馬の事務所での教習車の申請書一式すべて（全年度分）」、「八王子の事務所での教習車の登録をされ申請書等で専ら使用が書面で確認できないもの申請書一式すべて（全年度分）」等とする開示請求に関する事案です。この事案における裁判所の判断は、「開示請求に係る行政文書が著しく大量である場合又は対象文書の検索に相当な手数を要する場合に、これを権利濫用として不開示とすることができるのは、請求を受けた行政機関が、平素から適正な文書管理に意を用いていて、その分類、保存、管理に問題がないにもかかわらず、その開示に至るまで相当な手数を要し、その処理を行うことにより当該機関の通常業務に著しい支障を生じさせる場合であって、開示請求者が、専らそのような支障を生じさせることを目的として開示請求をするときや、より迅速・合理的な開示請求の方法があるにもかかわらず、そのような請求方法によることを拒否し、あえて迂遠な請求を行うことにより、当該行政機関に著しい負担を生じさせるようなごく例外的なときに限定される」と濫用的請求を理由とする非公開決定の可能性は認めたものの、極めて限定的に解しています（東京地判平成15年10月31日裁判所ウェブサイト）。

また、その他にも「事務負担が大であることをもって本件情報公開請求の権利濫用性を基礎付けることはできないというべきであって、他に本件情報公開請求が権利濫用であることを認めるに足りる証拠はない」として濫用的請求との主張を認めなかったもの（高松高判平成19年8月31日裁判所ウェブサイト）もあります。さらに、住居表示台帳等の情報を営利の目的で全国的に反復・継続して利用しており、係る公開請求は営利目的であり権利の濫用となり許されないとする主張に対して、「本件条例（佐賀市情報公開条例。筆者

注）は、情報公開請求が営利目的でされることのみを理由に公開請求を行うことを禁止しているとは到底認め難く、したがって、その目的が営利目的であることだけを理由に当該情報公開請求が権利の濫用に当たるということはできない」と判示しました（佐賀地判平成19年10月5日判自307号10頁）。

一方では、自治体が行った権利の濫用との主張を認容した裁判例もあります。まず、国庫補助金を受け入れた事業の経費の使途が明らかになる書類等の公開を求めた事案に関して、「本件公開請求の対象となる文書について、市はその具体的な数量を示したわけではないものの、それが大量であると原告に説明していること、市のそのような認識は原告も理解していたこと、このような中で、被告から、対象文書に係る事業の種類を限定するとか、無作為抽出、年度限定等の方法により請求件数を絞る方法等の提案がされたが、原告は、頑なに請求に係る本件文書全部の公開を求めたこと」、「原告の本件公開請求の目的は国庫支出金に関する予算執行が適正に行われているかの確認であるところ、このような目的は事業対象を絞ったり無作為に抽出することでもある程度達成でき、本件公開請求の全部の公開を同時に認めなければ原告の公文書取得目的が達成できないとはいい切れない」として市が行った権利の濫用との主張を認容しました（横浜地判平成14年10月23日判例集未登載。なお、控訴審も同様に市側の権利の濫用との主張を認容しています（東京高判平成15年3月26日判例集未登載））。

また、横須賀市の用地課及び道路建設課において平成13年度に作成された公文書全部について公開請求した事案において、開示請求権は「例外なく無制約に認められるものではなく、本件条例による公文書公開制度の目的に即した権利行使であることが要求される旨を明らかにし、同制度の目的に反するような公開請求を行うことを許さないところにあると解され、かかる公開請求については、一般法理としての権利濫用の法理が適用されるというべきである」として、権利濫用による却下の可能性を認めました。また、公開請求の却下に当たっては、「当該請求の内容、開示決定等に至るまでの開示請求者とのやりとり、開示請求者の態度等に照らし、当該開示請求に係る事務処理を行うことで実施機関の業務の遂行に著しい支障を生じさせる場合であって、かつ、開示請求者において、本件条例による公文書公開制度の目的に従った開示請求を行う意思が何らなく、対象文書が大量にわたったり、公開請求者の意思が必ずしも明らかでない場合等に実施機関からの度重なる協力の要請があったにもかかわらず、これに何ら応じようとしないなど、実施機関の業務に著しい支障を生じさせることを目的として開示請求をしていると評価できるような場合などにおいてはじめてこれに当たるものと解すべきである」として、事務遂行上の支障、公開請求者の目的や対応等を判断するべき旨の基準を示しています。その上で、本件公開請求については、その公開請求に「係る事務処理を行うことで実施機関の業務の遂行に著しい支障を生じさせる場合であって、かつ、原告において本件条例による公文書公開制度の目的に従った開示請求を行う意思が何らなく、実施機関の業務に著しい支障を生じさせることを目的としたものであると評価せざるを得ないから、権利の濫用に当たり、その全部の請求が許されないというべきである」として、公開請求を拒否した本件処分は適法であるという判断を示しました（横浜地判平成22年10月6日判自345号25頁）。

さらに、愛知県教育委員会管理部特別支援教育課や愛知県内の特別支援学校等の保管する行政文書の公開請求を行った事案に関して「本件情報公開条例及び本件個人情報保護条例には、開示請求が権利濫用に当たる場合にこれを拒否し得る旨の明文の規定は置かれていないけれども、行政文書公開請求及び保有個人情報公開請求のいずれについても、権利濫用が許容されない旨の一般法理の適用を否定するべき理由は見当たらないから、実施機関は、当該開示請求が権利濫用に当たる場合には、不開示決定をすることができるものと解される」として権利濫用という一般法理の適用を明確に認めています（名古屋地判平成

25年10月30日判自388号41頁)。

② 文書の特定に関する裁判例

初期の裁判例においては、「請求者が求めている文書が何かが客観的に分かれば、特定としては十分であり、対象となる文書が大量であるかどうかは特定の有無とは別個の問題である」(前掲横浜地判平成14年10月23日)、「請求に係る文書が、他の文書と識別可能な程度に明らかにされている場合には、たとえ開示請求に係る文書が、請求の時点において全部で何通存在するかが明らかでなくても、請求を受けた行政庁において、開示請求文書をすべて識別した上、それらについての開示の適否を判断することが可能であるから、そのような請求につき文書の特定がないということはできない」(前掲東京地判平成15年10月31日)、「開示請求の対象文書が特定されているといえるためには、当該公文書が他の文書と識別可能な程度に明らかにされていることを要し、かつ、それをもって足りる」(前掲横浜地判平成22年10月6日)などとして大量な文書に関する公開請求であっても請求対象文書が客観的に分かれば文書の特定はなされていると判示しています。

しかし、その後の裁判例では、大量的請求に関しては文書の特定がないと判断するものが増えています。例えば、前掲横浜地判平成22年10月6日の控訴審である東京高判平成23

年7月20日（判自354号9頁）は、「本件条例の定める公開請求制度上は、特定部署の公文書を包括請求する趣旨の記載は、特段の事情のない限り、「公文書を指定するために必要な事項」の記載には当たらないと解すべきである。特段の事情のある場合とは、「公文書を指定するために必要な事項」が必要的記載事項とされた趣旨を没却しないような例外的な事情がある場合、例えば、請求者が真に特定部署の公文書全部の閲覧等を希望しており、かつ、請求対象公文書の全部の閲覧等を相当期間内に実行することのできる態勢を整えており、行政機関をいたずらに疲弊させるものでないような場合に限られる」としています。

さらに、その後の東京高判平成23年11月30日（訟月58巻12号4115頁）は、平成11年度から13年度までの各年度における総理府又は内閣府に係る一般会計証明書類の開示請求に関して「対象文書が余りに大量であるため、開示請求を受けた行政機関が、開示決定に至るまでの処理を行うことにより当該行政機関の通常業務に著しい支障を生じさせる場合であって、開示請求者が、専らそのような支障を生じさせることを目的として開示請求をするときや、より迅速・合理的な開示請求の方法があるにもかかわらず、そのような請求方法によることを拒否し、あえて迂遠な請求を行うことにより、当該行政機関に著しい負担を生じさせるときなど例外的な場合には、当該開示請求を権利濫用として不開示とすることができる」とした上で「本件各開示請求は、（略）もはや情報公開法が予定する開示請求とはいえず、開示請求権の濫用に当たる」と判断をしました。

このように裁判所の判断は、大量的請求については文書の特定がないものとして不適法な請求であると判断することが多くなっているといえます。ただし、先に取り上げた名古屋地平成25年3月28日のような大量請求ではなく、請求態様が濫用的あるいは不当要求的な事案に関しては今後も権利の濫用により判断されることになると考えられます。

(2) 濫用的請求に対する大阪市の対応

この濫用的請求に関しては多くの自治体で対応に苦慮している状況にありますが、大阪市の対応が非常に参考になるので、ここで触れておきましょう。大阪市としての対応は、大きく分けると情報公開審査会の答申に基づくものと仮処分申立てによるものとがあります（宮之前亮「濫用的な情報公開請求への大阪市の対応について」季報情報公開・個人情報保護51号（2013年））。さらに、大阪市においては、濫用的な情報公開請求を行った者に対して損害賠償等を請求する訴訟を提起しています。

①　審査会答申

生活保護に関連して、ほぼ同様の公開請求を繰り返すとともに、実施機関が行った大半の公開決定等について不服申立てを繰り返したという事案について、情報公開審査会において「今後、同じ異議申立人から、同様の公開請求がなされた場合には、情報公開制度の趣旨から著しく乖離しており、権利の濫用と解されることから、実施機関は当該公開請求を却下すべきである。」とする、今後の対応を行うべきことも併せた答申がなされています（平成25年3月15日大阪市情報公開審査会答申第３３２号）。

②　仮処分申立て

大阪市では、特定の区役所に対し公開請求を行い、職員のミスを見つけると、公開の実施時に大声で怒鳴るなどの行為を繰り返した事案について、「職員に対し、架電し、面談を強要し、大声を出し、若しくは罵声を浴びせ、質問に対する回答若しくは交渉を強要し、又は濫用的な公開請求」を行うことを禁止する仮処分申立てを裁判所に対して行い、全面的に認められました。

③　損害賠償等請求訴訟

大阪市に対して情報公開請求を多数回にわたって濫用的な態様で行ったり、質問文書の送付や架電等による不当な要求行為を繰り返したりした者に対して、大阪市は面談強要行為等の差止めを求めるとともに、不法行為に基づく損害賠償請求すると訴訟を提起しました。

判決では、「被告の各行為は、そのほとんどが情報公開請求や、その権利行使に付随して行われているものとはいえ、その頻度や態様等に照らすと、正当な権利行使として認められる限度を超えるものであって、原告の資産の本来予定された利用を著しく害し、かつ、その業務に従事する者に受忍限度を超える困惑・不快を与え、その業務に及ぼす支障の程度が著しいもので、今後も、このような行為が繰り返される蓋然性が高いということができる。そうすると、被告に対して事後的な損害賠償責任を認めるのみでは、原告に回復の困難な重大な損害が発生するおそれがあるというべきである。」として、電話での対応や面談を要求して質問に対する回答を強要したり、大声を出したり、罵声を浴びせたりすることの差止めと80万円及び及び遅延損害金の賠償請求が認容されました（大阪地判平成28年6月15日判時2324号84頁）。

(3) 条例等による対応

濫用的請求に関しては、多くの自治体が様々な方法で対応を模索しています。すでに条例において、公開請求権の濫用を禁止する規定を設けている自治体もあります。ほかにも要綱で規定するなど、様々なものがあります。

① 濫用の禁止を規定するもの

千葉県や田原市の条例では、公開請求権の濫用を禁止する規定を設けています（千葉県情報公開条例6条、田原市情報公開条例4条）。また富山県や伊勢原市の条例では、適正な請求を義務付けているほか、取得した個人情報に関して人権保障の配慮を求めています（富山県情報公開条例4条、伊勢原市情報公開条例4条）。

② 濫用等の場合について却下規定を設けるもの

岩見沢市、中野区の条例では濫用的な請求について却下することができる旨の規定を設けています（岩見沢市情報公開条例9条、中野区区政情報の公開に関する条例9条）。先ほど説明したように国においては、濫用的請求に対しては一般法理である「権利の濫用」により却下することとしていますが、これらの自治体では明文で規定しており、一歩前進したものといえるでしょう。

③ 濫用等の場合について拒否を認め、さらに審査会への報告を求めるもの

箕面市、薩摩川内市、那覇市の条例では、濫用的請求に対して拒否することを認めると

ともに、その場合には情報公開審査会等に報告することとしています（箕面市情報公開条例11条、薩摩川内市情報公開条例5条、那覇市情報公開条例11条）。中立的機関への報告を求めることによって、行政機関のみの判断ではなく、中立的なチェックを求めることとしている点で評価できると思います。

④ 手数料の予納制度

濫用的な請求のひとつの形態として、大量請求を行っておきながら公開請求者が文書を閲覧しない、あるいは写しの受領をしないというものがあります。和歌山県の条例では、そのようなことを防止するため、一定の手数料をあらかじめ納めるという制度（手数料の予納制度）を設けています（和歌山県情報公開条例18条）。

⑤ 運用基準によるもの

富山県情報公開条例の解釈及び運用の基準、権利濫用請求の取扱指針（兵庫県）等では、条例に規定することなく、権利の濫用などの一般法理の適用を運用基準に定めています。

(4) 条例私案

これまでの裁判例においては、原則として、各自治体の情報公開請求権の非公開事由に該当しないことから、権利の濫用による非公開決定は認められないものとする判断が一般的です。しかし、自治体において様々な濫用的請求がなされている現状も踏まえるならば、何らかの対応を検討する必要があります。

筆者は、情報公開制度の健全な維持、運営のために、利用者である住民側にも一定の義務や責務が課されるべきだと考えています。例えば、著しく大量の公開請求に対して職員が対応するために、通常の行政事務に支障が生じる、あるいは過度の時間外勤務を行うことによるコストの増大などは、住民全体にとっては大きなデメリットであるといえます。また、当然に自治体職員としても、個人として尊重されるべきであり、情報公開制度の運用の中で過度の精神的ストレスにさらされることは防がなくてはなりません。

そこで、これまでの裁判例や大阪市での対応を踏まえて、条例私案を作成しました。濫用的請求に対する対応方法を議会による議決という民主的基盤を持つ条例に明記することによって適正な民主制が担保できるものと考えています。さらに条例に基づく手続に関しては、実施機関のみの判断で行うのではなく、情報公開審査会等の第三者機関に諮問し処分を行うとすることにより公正性と適正手続の保障も担保しました。健全な情報公開制度の運用のために、皆さんにもぜひお考えいただきたいと思います。

■条例私案

（著しい大量の請求）

第○条　実施機関は、公開請求者が著しく大量の公文書の公開請求を行った場合については、円滑に公文書の公開を行うために必要と認めるときは、公開請求者に対して公文書の特定を求めることができる。

2　公開請求者は、前項の請求に対して、公文書を特定するために必要な協力を行わなければならない。

3　実施機関は、第1項の請求を行った場合において、公開請求者が公文書の特定等必要な協力を行わない場合には、公開請求を却下することができる。この場合において、実施機関は、あらかじめ情報公開審査会の意見を聴かなければならない。

4　実施機関は、前項の規定に基づき公開請求を却下する場合には、公開請求者の権利を不当に制限しないようにしなければならない。

（措置要求）

第○条　実施機関は、公開請求者が権利を濫用する等不適正な請求を行う場合には、公開請求者に対して必要な措置を命じることができる。この場合において、実施機関は、あらかじめ情報公開審査会の意見を聴かなければならない。

2　実施機関は、前項の規定に基づき命令を行う場合には、公開請求者の権利を不当に制限しないようにしなければならない。

第9章

個人情報保護制度

自治体の保有する様々な情報の管理と公開に関しては、情報公開制度と並んで個人情報保護制度もとても重要な役割を果たしています。また、どちらの制度でも公開請求手続が保障されています。このように共通性のある2つの制度なのですが、その根拠と必要性はまったく異なります。ここでは個人情報保護制度の概略を説明することにします。2つの制度を比べることで、さらに情報公開制度の理解が進むと思います。

個人情報保護制度はプライバシーに基づくものとされていますので、まずプライバシーの概念あるいは成り立ちから理解を深めることにしましょう。プライバシーについては、従来は個人情報の適正な管理を求める権利として考えられていましたが、近年では自己の情報をコントロールする権利とより幅広く理解されるようになってきています。こうした考え方を受けて、個人情報保護制度が設けられています。このような制度の理念を踏まえて、法律や条例の理解を図る必要があります。

また、近年ではマイナンバー制度や個人情報について特定の個人を識別することができないように匿名加工されたデータの利活用等に関しても法制化されるなど、個人情報を取り巻く環境も大きく変わってきています。自治体職員にとって個人情報保護に関する知識は、ますます重要なものとなっています。

1 プライバシーの保護

⑴ プライバシーの成り立ち

わが国でプライバシーという考え方が一躍有名になったのが「『宴のあと』事件」判決（東京地判昭和39年9月28日下級民集15巻9号2317頁）です。この事件は、三島由紀夫の小説『宴のあと』が、プライバシーを侵害したとして、原告有田八郎氏（元外務大臣であり、1959年の東京都知事選の立候補者）が、三島由紀夫氏と出版元の新潮社を被告として提起した民事訴訟です。判決では、「私生活をみだりに公開されないという法的保障ないし権利」としてのプライバシーの権利を承認し、これに対する侵害行為も民法709条に規定する不法行為として評価されるとしています。そして、プライバシーの侵害による不法行為の成立要件として『宴のあと』事件判決は、①公開された内容が私生活の事実又はそれらしく受けとられるおそれのある事柄であること、②一般人の感受性を基準にして当該私人の立場に立った場合公開を欲しないであろうと認められること、③一般の人々に未だ知られない事柄であること、その他、被害者が公開により不快、不安の念を覚えることを挙げているほか、表現の自由とプライバシーの関係、公人とプライバシーの関係などについても判断を下しています。

(2) プライバシーの権利の法的根拠

おそらく六法全書のどこを見ても、「プライバシー」を保護する旨の規定はないと思います。それでは、どのような法的根拠でプライバシーの権利が保障されているのでしょうか。プライバシー保護の根拠規定としては、憲法19条（思想・良心の自由）、21条1項（表現の自由）、21条2項（検閲の禁止・通信の秘密の保障）、31条（適法手続の保障）、35条（住居・捜査・押収に対する保障）、38条1項（不利益な供述の強要の禁止）などが挙げられています。個別の人権は、このように憲法上の各規定で保障されていますが、包括的な意味でのプライバシーの権利は成文法として明定された権利ではありません。しかし、プライバシーが幸福追求の権利の一部を構成するものと考えられるため、終局的には、憲法13条の個人の尊重・幸福追求の権利の規定をよりどころにするものと考えられています。どのような保護法益がその対象になるのか、考えられる事項を挙げたいと思います。

(3) プライバシーの権利の広がり

① 初期のプライバシー〜私生活の保護

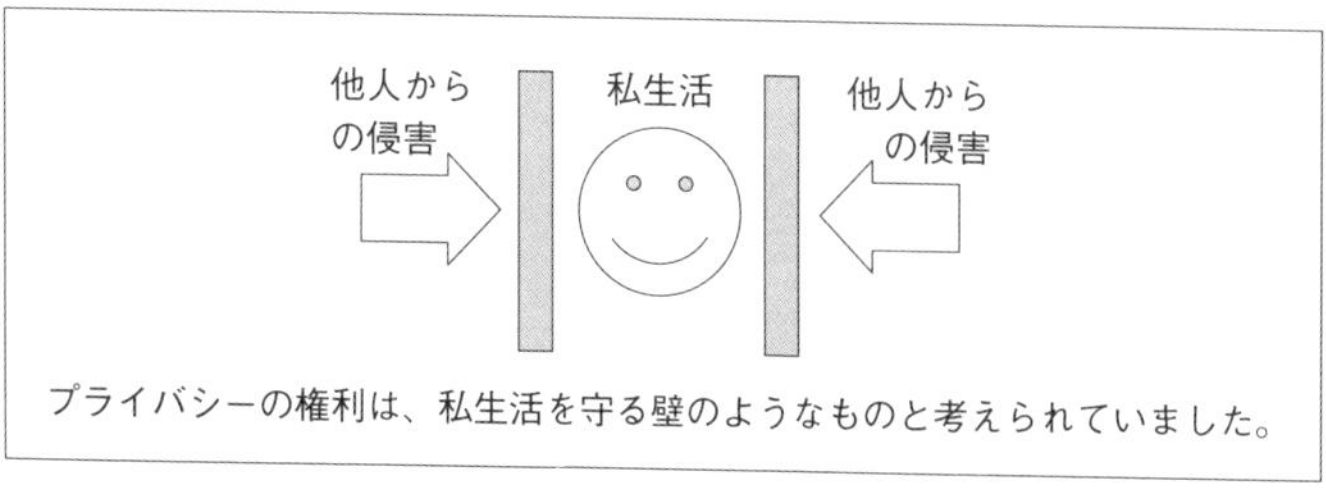

図表9―1　初期のプライバシー概念

1890年、アメリカ、ハーバード大学の「ロー・レビュー」にウォーレンとブランダイス（S. D. Warren & L. D. Brandeis）によって発表された論文「The Right to Privacy」の中で「the right to be let alone」（ひとりで居させてもらいたい権利）と定義されていました。この定義に見られるような古典的なプライバシー権の定義は「静穏のプライバシー」に最も近い消極的なものであったといえます。

この段階でのプライバシーの概念は、マスメディアの報道などによる暴露（スキャンダルなど）から私生活を保護することをもっぱら目的としていたと考えられます（図表9―1）。しかし、この定義ではおよそあらゆる個人的な自由が含まれることになりかねず、その内容が多義的で不明確であるとの批判が強くありました。

② 自己情報コントロール権への変遷

その後、急激に進行した情報化に伴い、社会情勢は大きく変貌を遂げています。プライバシーの概念も私生活の保護から自己情報の管理、そして制御というより積極的な概念へと移り変わりました。特に行政機関等による個人情報のコンピュータ処理に関しての保護法益については、高度情報化社会の進展に伴い、住基ネットやマイナンバーをはじめとして公権力によるプライバシーの侵害という問題が大きくなりつつあります。さらに、現代行政は、教育福祉、保健衛生などの各分野における行政サービスを国民に積極的に提供するために、その基礎資料として個人情報を大量に収集・蓄積・利用せざるを得なくなっており、行政機関が保有する国民や住民に関する情報量も飛躍的に増大する傾向にあります。そのため、行政機関が保有する様々な個人情報とプライバシー保護との関係は、現代のプライバシー問題における最重要課題のひとつであるといえます。個人情報のコンピュータ処理に際してどのような情報を収集するか、そしてどのように利用するのか、その情報の閲覧そして訂正や削除を請求する権利、行政機関相互の情報の提供の程度とその方法などが、行政機関による個人情報の収集・利用等に関して大きな問題となります。

こうした中で、「ひとりで居させてもらいたい権利」という古典的な定義のみでは、現代社会において個人のプライバシーを保護しようとするためには不十分なものであると考

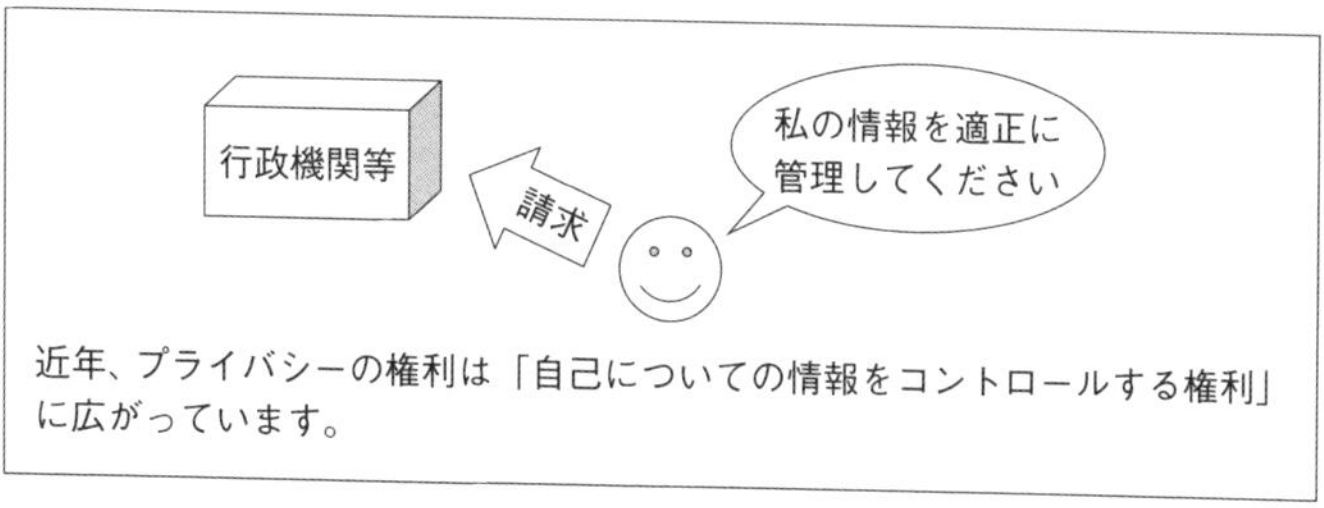
行政機関等
請求
私の情報を適正に
管理してください
近年、プライバシーの権利は「自己についての情報をコントロールする権利」
に広がっています。

図表９―２　プライバシーの権利の広がり

えられるようになり、行政や企業等が保有する自己情報をいかに管理するかという「自己情報コントロール権」として、とらえられるようになってきています（図表９―２）。

例えば、前述の『宴のあと』事件判決においては、「私生活」の「公開」に際してプライバシーを「私生活をみだりに公開されないという法的保障」としてとらえていますが、この意味のプライバシーの保護では、表現行為からの保護という考えが中心を占めていました。しかし、この考え方だけでは「公開」以前の段階におけるプライバシーの権利侵害に対してはどのように保護するかという問題は残されていました。

そこで、新たに登場してきたのが「自己についての情報をコントロールする権利」、「個人に関する情報の流れをコントロールする権利（individual's right to control the circulation of information relating）」又は、「自己情報コントロール権」という考え方です。

この定義は日本を含め、諸外国においても承認されている状況にあり、プライバシー権は「自己情報コントロール権」と定義付けることができると考えられています。この「自己情報コントロール権」には、従来からの「ひとりで居させてもらいたい権利」という側面と「公権力等に対して自己の情報の適正化を求める権利」としての側面とがあるものと考えられています。

2　ＯＥＣＤの8原則

ＯＥＣＤの8原則とは、１９８０年9月にＯＥＣＤ（経済協力開発機構）の理事会で採択された「プライバシー保護と個人データの国際流通についての勧告」で示された8つの原則のことです。わが国の個人情報保護制度も、基本的にこの8原則に沿った内容で構築されています。

(1)　**目的明確化の原則**（**Purpose Specification Principle**）

収集目的を明確にし、データ利用は収集目的に合致するべきであるとする原則です。「提出いただいた個人情報は、商品の発送にのみ使用させていただきます」等の表記がなされている場合がありますが、この原則に基づくものといえます。

(2) **利用目的制限の原則**(Use Limitation Principle)

データ主体の同意がある場合や法律の規定による場合を除いて、収集したデータを目的以外に利用してはならないとする原則です。

(3) **収集制限の原則**(Collection Limitation Principle)

個人データは、適法・公正な手段により、かつ情報主体に通知または同意を得て収集されるべきであるとする原則です。

(4) **データ内容の原則**(Data Quality Principle)

収集するデータは、利用目的に沿ったもので、かつ、正確・完全・最新であるべきであるとする原則です。

(5) **安全保護の原則**(Security Safeguards Principle)

合理的安全保護措置により、紛失・破壊・使用・修正・公開等から保護すべきであるとする原則です。

(6) **公開の原則**(Openness Principle)

データ収集の実施方針等を公開し、データの存在、利用目的、管理者等を明示するべきであるとする原則です。

(7) 個人参加の原則（Individual Participation Principle）

データ主体に対して、自己に関するデータの所在及び内容を確認させ、または異議申立を保証するべきであるとする原則です。

(8) 責任の原則（Accountability Principle）

データの管理者は諸原則実施の責任を有するとする原則です。これを踏まえて、行政機関の保有する個人情報の保護に関する法律（以下「行政機関個人情報保護法」といいます。）48条では「行政機関の長は、行政機関における個人情報の取扱いに関する苦情の適切かつ迅速な処理に努めなければならない」と規定されています。

3 個人情報保護条例

(1) 制度の趣旨

各自治体の個人情報保護条例においては「個人情報の適正管理」という視点だけではなく、自己についての情報をコントロールする権利としてのプライバシーを踏まえて規定さ

権利の種類	権利の内容	権利の性格
①個人情報の適正な取扱いを求める権利	私生活をみだりに公開されないという法的保障ないし権利	住民が行政機関からプライバシーの侵害を受けない権利（自由権的権利）
②自己情報コントロール権	自己に関する情報をコントロールする権利	行政機関に対して自己の情報の適正化を求める権利（請求権的権利）

図表9―3　個人情報保護条例の２つの柱

れています。このような考え方から、個人情報保護条例では、①「個人情報の適正な取扱いを求める権利」と②「自己情報コントロール権」との2つの柱を規定しています（図表9―3）。このうち①個人情報の適正な取扱いを求める権利については、プライバシーの初期の概念であった「私生活をみだりに公開されないという法的保障ないし権利」という観点から保障されているものです。また、②自己情報コントロール権については、近年強く意識されるようになった「自己に関する情報をコントロールする権利」の観点から保障されているものです。

さらに、見方を変えてこの2つの柱の法的な性格を考えると、①個人情報の適正な取扱いを求める権利という点については住民が行政機関からプライバシーの侵害を受けない権利（国家権力に対して自由を主張するという意味で「自由権的権利」といいます。）と②自己情報コントロール権という点については行政機関に対して自己の情報の適正化を求める権利（国家権力に対して情報管理の適正化を求めるという意味で「請求権的権利」といいます。）との2つの性格を併せ持った制度となっています。

4 個人情報保護制度に関する法制度の全体構成

わが国の個人情報保護制度に関する主要な法律としては、①個人情報の保護に関する法律（以下「個人情報保護法」といいます。）、②行政機関個人情報保護法、そして③各自治体の個人情報保護条例があります。

① 個人情報保護法

個人情報保護法は、わが国の個人情報保護制度の基本となる法律です。1章から3章では国及び自治体の責務、個人情報の保護に関する基本方針等を定めているほか、4章では個人情報取扱事業者（個人情報データベース等を事業の用に供している民間事業者）への規制（利用目的の特定、目的外利用の制限、第三者への提供制限、公開・訂正等に応じる義務等）、5章から7章では個人情報保護委員会の設置等を定めています。このため1章から3章については民間部門及び公的部門ともに適用があり、4章については民間部門のみに適用されます。

なお、2021年5月19日、個人情報保護法等関連法を改正する法律が公布され、国の行政機関等に関する個人情報保護法制に関する改正部分は公布日から1年以内に、また地方公共団体に関する個人情報保護法制に関する改正部分は公布日から2年以内に施行されることになります。この法施行により、民間部門及び公的部門（国、地方公共団体等）が個人情報保護法によって一元的に規律されることになります。本書では、地方公共団体に関する個人情報保護法制が一元化された後の個人情報保護法を「新個人情報保護法」と記述することとします。

② 行政機関個人情報保護法

行政機関個人情報保護法は、国の行政機関が保有する個人情報の取扱いについて定めています。国の行政機関における個人情報保護は、基本的にこの法律に基づき行われることになります。なお、独立行政法人等の保有する個人情報に関しては、独立行政法人等の保有する個人情報の保護に関する法律が定められています。

③　各自治体の個人情報保護条例

各自治体が、それぞれ個人情報保護条例を制定し各自治体における個人情報保護制度を規律しています。この点は、情報公開制度で説明をしたことと同様です。自治体によって題名や規定内容が異なる場合もあり、自治体職員としてはその違いを理解して、運用する必要があります。

5　個人情報保護制度の概要

(1)　個人情報保護制度における用語の意義

個人情報保護制度に関して各用語が持つ意味を理解することが、制度の理解、運用においても重要です。

①　実施機関（行政機関）

各自治体の条例では、個人情報保護制度の対象である実施機関として知事・市町村長、教育委員会、選挙管理委員会、監査委員等を規定しています。なお、新個人情報保護法では、議会を除く地方公共団体の機関が個人情報保護制度の適用を受ける行政機関等に位置付けられ、国の機関等と同様に個人情報保護法の適用を受けることになります。

② 個人情報

行政機関個人情報保護法では、個人情報保護制度の対象となる個人情報について、生存する個人に関する情報であって、当該情報に含まれる氏名、生年月日その他の記述等により特定の個人を識別することができるもの（他の情報と照合することができ、それにより特定の個人を識別することができることとなるものを含む。）又は個人識別符号が含まれるものと規定しています（2条2項）。なお、括弧書きの部分は、情報公開制度における個人情報と同様に、いわゆるモザイクアプローチです（87頁参照）。

ア 生存する個人

行政機関個人情報保護法では、個人情報について「生存する個人に関する情報」に限定し、死者の情報を含まないものとしています。死者は自己情報の開示請求の主体となることができないためこのように規定されています。

新潟県、宮城県、鳥取県等の個人情報保護条例では、「生存する個人に関する情報」に限定せずに、死者の情報も個人情報の範囲に含めるものとしています。また、三重県個人情報保護条例（以下「三重県条例」といいます。14条3項）、仙台市個人情報保護条例（15条）のように、死者の配偶者、親権者等に明文で開示請求権を規定している例もあります。ただし、新個人情報保護法の下では、「生存する個人に関する情報」に限定する形で一元化されることになります。

なお、行政機関個人情報保護法のように「生存する個人に関する情報」と規定する場合であっても、死者の情報が遺族の個人情報となる場合には、当該遺族自身の個人情報として開示請求等を行うことができると解されています。

死者の個人情報が請求者自身の個人情報であると認めた裁判例として、名古屋高裁金沢支部判平成16年4月19日（判タ１１６７号１２６頁）は、死者の情報が同時にその死亡した者の相続人にとっての個人識別情報に該当する場合して「ある者の財産に関する情報がその者の個人識別情報である場合において、その者の死亡により、上記財産に関する情報は、死亡した者の個人識別情報であるとともに、死亡した者を相続して当該財産を取得した相続人の個人識別情報でもある」としています。また、東京高判平成11年8月23日（判時１６９２号47頁）は、死亡した中学校2年生の生徒が作成した作文の開示を親権者が学校に対して求めた事案に関して、「親権者であった者が死亡した未成年の子どもの個人情報の開示を求めているという場合については、社会通念上、この子どもに関する個人情報を請求者自身の個人情報と同視し得るものとする余地もある」としています。

一方、請求者自身の個人情報とは認めなかった事例として、最判平成31年3月18日（最高裁判所裁判集民事261号195頁）では、請求人が亡母が銀行に提出した印鑑届書の情報の開示を請求したことに関して「印鑑届書にある銀行印の印影は、亡母が上告人との銀行取引において使用するものとして届け出られたものであって、被上告人が亡母の相続人等として本件預金口座に係る預金契約上の地位を取得したからといって、上記印影は、被上告人と上告人との銀行取引において使用されることとなるものではない」等として、請求人の個人に関する情報ということはできないとしています。

イ　個人識別符号

個人識別符号は、２０１６年の行政機関個人情報保護法等の改正において個人情報の範囲を明確化するために設けられた概念です。

個人識別符号は、以下①身体の一部の特徴を電子計算機のために変換した符号（DNA、顔、虹彩、声紋、歩行の態様、手指の静脈、指紋・掌紋等）又は②サービス利

個人情報	
生存する個人に関する情報であって	
〈1〉当該情報に含まれる氏名、生年月日その他の記述等により特定の個人を識別することができるもの（他の情報と照合することができ、それにより特定の個人を識別することができることとなるものを含む。）	〈2〉個人識別符号が含まれるもの

図表9―4　行政機関個人情報保護法が規定する個人情報のイメージ

用や書類において対象者ごとに割り振られる符号（旅券番号、基礎年金番号、免許証番号、住民票コード、マイナンバー、各種保険証等）のいずれかに該当するもののうち、政令で定めるものとされています。

③　保有個人情報

保有個人情報とは、行政機関の職員が職務上作成し、又は取得した個人情報であって、当該行政機関の職員が組織的に利用するものとして、当該行政機関が保有しているものをいいます。ただし、個人情報であっても①官報、白書、新聞、雑誌、書籍等、②国立公文書館等に移管された歴史公文書等、③歴史的若しくは文化的な資料又は学術研究用の資料として特別の管理がされているものは除外されています（行政機関個人情報保護法2条5項）。

④　個人情報ファイル

個人情報ファイルとは、保有個人情報を含む情報の集合物であって、①一定の事務の目的を達成するために特定の保有個人情報について電子計算機を用いて検索することができるように体系的に構成したもの又は②一定の事務の目的を達成するために氏名、生年月日、その他の記述等により特定の保有個人情報を容易に検索することができるように体系的に構成したものをいいます。

①は、パソコン上で検索できるファイルのことで電算処理ファイルとよばれます。一方、②は、検索できる紙媒体のファイルのことで、五十音順に並べたカルテのように手作業で容易に検索できるものです。マニュアル処理ファイルとよばれます。

⑵ 個人情報の適正管理

① 保有に関する規律

ア 目的の範囲内での保有

行政機関は、個人情報を保有するに当たって、法令の定める所掌事務を遂行するため必要な場合に限り保有できます。なお、その利用の目的については、できる限り特定しなければなりません（行政機関個人情報保護法３条１項）。ＯＥＣＤ８原則のうち、目的明確化の原則に基づくものです。また、同条2項では、利用目的の達成に必要な範囲を越えて個人情報を保有することができない旨も規定しています。さらに、目的明確化の原則及び収集制限を踏まえて、利用目的を変更する場合には変更前の利用目的と相当の関連性を有すると合理的に認められる範囲を越えて行うことはできないとされています（同条3項）。この保有には、作成、取得、維持・管理も含むため、OECD8原則の収集制限の原則にも対応しているものです。

行政機関は、利用目的の達成に必要な範囲を越えて個人情報を保有することができないことから、保有する必要がなくなった個人情報は廃棄又は消去しなければなりません。行政機関個人情報保護法には、廃棄、消去の義務に関しては明文では規定していませんが、多くの地方公共団体の条例ではこの点も明文で規定しています（東京都個人情報の保護に関する条例（以下「都条例」といいます。）7条3項等）。

なお、地方公共団体の条例では、これらの規定のほか、個人情報を収集するときは本人からこれを収集しなければならない旨も規定しているものもあります（都条例4条3項等）。

イ　利用目的の明示

行政機関は、本人から直接当該本人の個人情報を収集するときは、あらかじめ本人に対して当該個人情報を取り扱う目的を明示しなければなりません（行政機関個人情報保護法4条）。これは、OECD8原則のうち、公開の原則に基づくものです。ただし、以下の場合には、明示する必要はないとされています。

①人の生命、身体又は財産の保護のために緊急に必要があるとき。
②利用目的を本人に明示することにより、本人又は第三者の生命、身体、財産その他の権利利益を害するおそれがあるとき。
③利用目的を本人に明示することにより、国の機関、独立行政法人等、地方公共団体又は地方独立行政法人が行う事務又は事業の適正な遂行に支障を及ぼすおそれがあるとき。
④取得の状況からみて利用目的が明らかであると認められるとき。

② 要配慮個人情報（センシティブ情報）

要配慮個人情報とは、不当な差別、偏見その他の不利益が生じないように取扱いに配慮を要する情報です。行政機関個人情報保護法では、要配慮個人情報の範囲について、本人の人種、信条、社会的身分、病歴、犯罪の経歴、犯罪により害を被った事実その他本人に対する不当な差別、偏見その他の不利益が生じないようにその取扱いに特に配慮を要するものとして政令で定める記述等が含まれる個人情報とされています（2条4項）。これを受けて、行政機関個人情報保護法施行令4条では、具体的に次のものを要配慮個人情報として定めています。

①身体障害、知的障害、精神障害（発達障害を含む。）その他の身体障害者福祉法に定める身体上の障害、知的障害者福祉法に定める知的障害、精神保健及び精神障害者福祉に関する法律に定める精神障害等の障害があること。
②本人に対して医師その他医療に関連する職務に従事する者により行われた疾病の予防及び早期発見のための健康診断その他の検査の結果
③健康診断等の結果に基づき、又は疾病、負傷その他の心身の変化を理由として、本人に対して医師等により心身の状態の改善のための指導又は診療若しくは調剤が行われたこと。
④本人を被疑者又は被告人として、逮捕、捜索、差押え、勾留、公訴の提起その他の

刑事事件に関する手続が行われたこと。
⑤本人を審判に付すべき少年又はその疑いのある者として、調査、観護の措置、審判、保護処分その他の少年の保護事件に関する手続が行われたこと。

要配慮個人情報については、いわゆるセンシティブ（sensitive：取扱いに慎重を要する）情報として多くの自治体が収集の制限を規定しています（都条例４条２項等）が、行政機関個人情報保護法には要配慮個人情報の収集を制限する規定はありません。収集を制限する規定がない理由としては、行政機関は法令の定める所掌事務をまたは業務を遂行するため必要な場合に限り個人情報を保有することができるため、さらに要配慮個人情報の取集を制限する規定を設ける必要がないためとされています（宇賀克也『個人情報保護法の逐条解説（第６版）』（有斐閣、２０１８年）４１４頁）。

なお、新個人情報保護法60条５項では、地方公共団体は条例で地域の特性その他の事情に応じて本人に対する不当な差別、偏見その他の不利益が生じないようにその取扱いに特に配慮を要する条例要配慮個人情報を定めることができる旨が規定されています。

③　利用、提供に関する規律

行政機関は、事務の目的を越えて、保有個人情報を当該行政機関内において利用、又は外部に提供することはできません（行政機関個人情報保護法8条1項）。行政機関が個人情報を収集するに当たって目的の範囲内で収集することとされている以上、行政機関が保有する個人情報について目的の範囲内でのみ使用することができるのは当然のことです。ただし、以下の場合には目的外であっても利用できるとされています（同条2項）。

【目的外利用ができる場合】

①本人の同意があるとき、又は本人に提供するとき。
②行政機関が法令の定める所掌事務の遂行に必要な限度で保有個人情報を内部で利用する場合であって、当該保有個人情報を利用することについて相当な理由のあるとき。
③他の行政機関、独立行政法人等、地方公共団体又は地方独立行政法人に保有個人情報を提供する場合において、保有個人情報の提供を受ける者が、法令の定める事務又は業務の遂行に必要な限度で提供に係る個人情報を利用し、かつ、当該個人情報

> を利用することについて相当な理由のあるとき。
> ④前3号に掲げる場合のほか、専ら統計の作成又は学術研究の目的のために保有個人情報を提供するとき、本人以外の者に提供することが明らかに本人の利益になるとき、その他保有個人情報を提供することについて特別の理由のあるとき。

個人情報の目的外利用が問題となった事案として、札幌地判令和1年9月17日（裁判所ウェブサイト）は、社会福祉法人が自ら経営する病院保有する医療情報に基づき、目的外の採用に利用し採用内定を取り消したことが、個人情報保護法に反する目的外利用であるとして損害賠償責任を認めています。

(3) 個人情報ファイル簿の作成及び公表

個人情報ファイルを保有しようとするときは、行政機関はあらかじめ、総務大臣に対して個人情報ファイルの名称、個人情報ファイルの利用目的等を通知しなければなりません（行政機関個人情報保護法10条）。なお、自治体の場合には、長に届け出ることとされています（都条例5条等）。

届出の後は、保有している個人情報ファイルの名称、利用目的、記録項目等の個人情報ファイルに関する概要を記載した帳簿として「個人情報ファイル簿」を作成し、公表することにとされています（行政機関個人情報保護法11条1項）。

これらの手続は、OECD8原則の個人参加の原則に基づき、住民に対して、自己に関する個人情報の所在及び内容を確認させ、または異議申立を保証するための制度です。また、OECD8原則の目的明確化の原則に基づき収集目的を明確にする意味があります。また収集した個人情報を目的以外に利用してはならないため、ファイル簿等に登録される目的は、利用制限の範囲を確定する重要な意味を持ちます。

(4) 保有個人情報の管理

① 正確性及び最新性の確保

行政機関は、利用目的の達成に必要な範囲内で、保有個人情報が過去又は現在の事実と合致するよう努めなければなりません（行政機関個人情報保護法5条）。行政機関において不正確な個人情報が利用されることにより個人が不利益を受けることを防止することを目的としています。

② 安全確保の措置

行政機関は、保有個人情報の漏えい、滅失又は毀損の防止その他の保有個人情報の適切

個人情報ファイルの名称	〇〇給付金ファイル	
行政機関の名称	〇〇省	
個人情報ファイルが利用に供される事務をつかさどる組織の名称	〇〇局〇〇課、△△課、□□課	
個人情報ファイルの利用目的	〇〇給付金の申請に係る審査、給付事務に利用する。	
記録項目	１申請番号、２氏名、３住所、４申請年月日、５申請項目、６申請金額、７………	
記録範囲	〇〇給付金の受給を申請した者（平成△△年度～）	
記録情報の収集方法	〇〇給付金申請書	
要配慮個人情報が含まれるときは、その旨		
記録情報の経常的提供先	ＸＸ省▲▲局■■課	
開示請求等を受理する組織の名称及び所在地	（名　称）〇〇省〇〇局〇〇課 （所在地）東京都千代田区霞が関〇－〇－〇	
訂正及び利用停止に関する他の法律又はこれに基づく命令の規定による特別の手続等	５及び６のファイル記録項目の内容については、〇〇援護法施行規則（平成〇〇年〇〇省令第〇〇号）の規定により、訂正及び利用停止を請求できる。	
個人情報ファイルの種別	■法第２条第６項第１号 （電算処理ファイル） 令第12条に該当するファイル ■有　□無	□法第２条第６項第２号 （マニュアル処理ファイル）
行政機関非識別加工情報の提案の募集をする個人情報ファイルである旨		
行政機関非識別加工情報の提案を受ける組織の名称及び所在地		
個人情報ファイルが第２条第９項第２号ロに該当する場合には、意見書の提出機会が与えられる旨		
行政機関非識別加工情報の概要		
作成された行政機関非識別加工情報に関する提案を受ける組織の名称及び所在地		
作成された行政機関非識別加工情報に関する提案をすることができる期間		
備　　考		

図表９―５　個人情報ファイル簿のイメージ
（出典）総務省ホームページ

な管理のために必要な措置を講じなければなりません（行政機関個人情報保護法6条1項）。

③　職員等の義務及び罰則

個人情報の取扱いに従事する行政機関の職員又は職員であった者、あるいは行政機関から個人情報の取扱いの委託を受け業務に従事している者（個人情報事務受託者）又は従事していた者は、その業務に関して知り得た個人情報の内容をみだりに他人に知らせ、又は不当な目的に利用してはなりません（行政機関個人情報保護法7条）。

また、自治体職員や個人情報事務受託者等に関しては、各自治体の個人情報保護条例において罰則が規定されています。なお、新個人情報保護法の下では、各自治体の条例ではなく同法が規定する罰則規定（図表9—6）が自治体職員に関しても適用されることになります。

(5)　自己情報に対するコントロール

①　自己情報の開示請求権

何人も、行政機関に対して当該行政機関が保有する自己を本人とする保有個人情報の開示請求をすることができます（行政機関個人情報保護法12条1項）。この開示請求権は、形式的には情報公開制度と似ていますが、その目的は大きく異なります。情報公開制度は、

対象者	行為	罰則
①行政機関等の職員又は職員であった者 ②個人情報事務受託者又は従事していた者	正当な理由がないのに、個人の秘密に属する事項が記録された個人情報ファイルを提供したとき	２年以下の懲役又は100万円以下の罰金（新個人情報保護法176条）
	その業務に関して知り得た保有個人情報を自己若しくは第三者の不正な利益を図る目的で提供し、又は盗用したとき	１年以下の懲役又は50万円以下の罰金（新個人情報保護法180条）
行政機関の職員	その職権を濫用して、専らその職務の用以外の用に供する目的で個人の秘密に属する事項が記録された文書、図画又は電磁的記録を収集したとき	１年以下の懲役又は50万円以下の罰金（新個人情報保護法181条）

図表９―６　新個人情報保護法における職員等に関する罰則規定

知る権利や行政機関の説明責任に基づきますが、個人情報保護制度は自己情報のコントロール権の観点から設けられています。つまり、自己情報の開示請求は行政機関が保有する自己情報の開示を求めることによって、行政機関が正しい情報を個人情報保護制度に従って取得、管理しているかを確認し、必要に応じて訂正請求、利用停止請求等を行うために設けられているのです。

②　請求手続

開示請求をしようとする者は、行政機関に対して、①開示請求をしようとする者の氏名及び住所又は居所、②開示請求に係る保有個人情報が記録されている行政文書の名称その他の開示請求に係る保有個人情報を特定するに足りる事項を記載した開示請求書を提出しなければなりません（行政機関個人情報保護法3条1項）。

ア　保有個人情報の特定

開示請求をしようとする保有個人情報を特定するために必要な事項の記載を求めた趣旨について、大阪高判平成19年1月31日（訟月54巻4号835頁）は、「行政文書に記載されている保有個人情報（2条3項、12条1項）が広く開示請求の対象とされ、検索の比較的容易な電子計算機処理に係る保有個人情報だけではなく、検索の容易ではない手作業による処理に係る保有個人情報も開示請求の対象情報に含まれることになったことから、行政機関の長が開示請求の対象情報を検索、審査して所定の期間内に開示決定等を行うことを可能にし、開示請求制度の適正かつ円滑な運用を確保するために、（略）開示請求者に対して開示請求に係る保有個人情報を特定するに足りる事項を開示請求書に記載することが義務付けられた」としています。

イ　代理人等による請求

行政機関個人情報保護法では、未成年者又は成年被後見人の法定代理人は、本人に代わって個人情報開示請求をすることができるとしています（12条2項）。一方、代理人等として本人に代わって開示請求をすることができる者の範囲をより拡大している自治体もあります。例えば、三重県条例14条２項では「請求は、行政機関が別に定めるところにより、代理人によってすることができる」とされ、同条例施行規則３条では、本人の法定代理人に以外に、「本人が開示請求をすることができないやむを得ない事由があると知事が認める場合には任意代理人による請求を認める旨が規定されています。また、足立区個人情報保護条例23条４項では、おおむね義務教育終了年齢以下の者又は成年被後見人の法定代理人及び行政機関が特別な理由があると認めた代理人が、本人に代わって開示請求をすることを認めています。ただし、新個人情報保護法の下では、法の制度に一元化されることになります。

ウ　代理人による請求と本人の利益保護

未成年者又は成年被後見人の法定代理人には、本人に代わって開示請求を行うことを認められています。しかし、未成年者の利益と法定代理人の利益が相反する場合もあります。この点に関して、都条例では、①未成年者又は成年被後見人の法定代理人による開示請求がなされた場合における、開示することが当該未成年者又は成年被後見人の利益に反すると認められる情報、②未成年者又は成年被後見人の法定代理人が二人以上いる場合であって、法定代理人の一人による開示請求がなされたときに開示することが他の法定代理人の利益に反すると認められる情報は不開示とされています（都条例16条1項8号）。未成年者又は成年被後見人の法定代理人による開示請求がなされた場合には、本人に利益を守るために非開示とされているものです。同様の趣旨から、三重県条例16条では、①個人の指導、診断、判定、評価等に関する情報であって、開示することにより、当該事務の適正な遂行を著しく困難にすると認められるもの（7号）、②未成年者又は成年被後見人の法定代理人による開示請求がなされた場合において、開示することにより、当該未成年者又は成年被後見人の権利利益を害するおそれがある情報（8号）、③遺族等による開示請求がなされた場合において、当該開示請求に係る死者の保有個人情報を開示しないことが社会通念上相当であると認められる情報（9号）を不開示と規定しています。また、大阪府個人情報保護条例（以下「大阪府条例」といいます。）では、代理人から本人に代わって開示請求がなされた場合には、開示することにより、当該本人の権利利益を害するおそれのある個人情報（14条7号）を不開示とする旨が規定されています。さらに、都条例では、開示請求が本人の利益に反することが明確である場合は開示請求権自体を認めないとしています（12条2項）。

ただし、この点に関しても新個人情報保護法では、代理人による請求と本人の利益保護に関する個別規定は設けられていないため、本人の生命、健康、生活又は財産を害するおそれがある情報として開示、不開示の判断をすることになります（78条1号。268頁参照）。

エ　本人等の確認

開示請求をする者は、開示請求に係る保有個人情報の本人であること又は法定代理人であることを示す書類を提示し、又は提出しなければなりません（行政機関個人情報保護法13条2項）。東京都の場合、個人番号カード又は運転免許証のように顔写真付きの証明書は1点、健康保険証のような顔写真付きでないものは2点とされています。

③　保有個人情報の開示義務と不開示情報の範囲

行政機関は、開示請求があったときは、不開示情報に該当しない限り、保有個人情報を開示しなければなりません（行政機関個人情報保護法14条）。開示請求者にとっては自己の情報であるため、原則開示とされているのです。

各自治体の個人情報保護条例において規定されている不開示事由は、情報公開制度とほぼ同様で、①法令秘及び国の機関の指示による不開示、②個人情報、③法人情報、④公共の安全に関する情報、⑤審議・検討情報、⑥事務事業情報などが規定されています（都条例16条1項1号〜6号）。ただし、個人情報保護制度特有の不開示事由として、開示請求者本人の情報であっても、生命、健康、生活又は財産を害するおそれがある情報が規定されています（行政機関個人情報保護法14条1号）。例えば、開示請求者自身が不治の病であるというような場合には、自己情報であっても開示することによって、病気の悪化など本人にとって不利益が生じるおそれがある場合には不開示にすることができるのです。

また、行政機関個人情報保護法、そして新個人情報保護法においても、不開示情報については、自治体の個人情報保護条例とほぼ同様の規定がなされています。ただし、法令秘及び国の機関の指示による不開示については、地方自治体の個人情報保護条例では不開示事由として規定されていますが、行政機関個人情報保護法及においては不開示事由として規定されず、関係法令により個人情報保護法等の適用除外とされています。この点新個人情報保護法でも、同様の規定がなされています。

自己情報の開示請求に特有の裁判例を一つ取り上げておきましょう。さいたま地判令和

2年1月15日（判自471号60頁）は、生活保護に関する自己情報の開示請求に関して、「原告からの生活保護費の申請に関して、上級庁である埼玉県と協議を行った内容が記載されている」ことから、「これらの内容が開示されれば、原告からの無用な誤解や反発等を招くことをおそれて、埼玉県職員が発言を差し控えたり、情報提供をすることに躊躇したりするようになり、その結果、今後も継続することが予想される原告に係る生活保護費の要否等の決定に関する事務において、上級庁との間の率直な意見交換が不当に損なわれる蓋然性があるといえる」として「本人に開示することにより、行政機関等の公正かつ適正な職務執行が妨げられると認められる」として不開示事由に該当するとの判断をしています。

④ 開示請求に対する決定等

開示請求に対して行政機関が行う決定の期限、延長、期間の特例、理由提示、第三者に対する意見書提出の機会の付与、裁量的開示、保有個人情報の存否に関する情報については、情報公開制度とほぼ同様の制度が設けられていますので、それぞれ本書の情報公開制度の関係部分を確認してください。

ここでは、保有個人情報の存否応答拒否に関する裁判例を取り上げておきましょう。個人情報制度では、家族間において問題になる場合も少なくありません。例えば、名古屋高判平成13年12月11日判時1795号117頁は、開示請求が直接争われた事案ではないものの一つの判断基準になります。夫の暴力からの避難を求めた母子の保護の有無に関して夫が担当部署に対し問い合わせたが、保護した事実の有無を開示しませんでした。それに関する損害賠償請求事件において「母子を保護している場合に回答を拒否し、保護していない場合にその旨回答することとは、回答拒否の場合は保護していると推測されることが明らかであり、結局、上記のような場合には一切の回答を拒否するとの選択に十分合理性がある」としました。

(6) 自己情報に関する訂正請求

事実と異なる自己情報に基づき判断がされることにより、適正な行政処分が行われなかったり、正当な行政サービスの提供がなされないことがあります。そのようなことを防ぐために、自己の情報の内容が事実でないと考えた場合は、訂正、削除の請求をすることができます（行政機関個人情報保護法27条1項）。なお、訂正請求の対象となるのは、開示決定に基づき開示を受けた保有個人情報等です。したがって、訂正請求に当たっては、開示決定を受けていることが前提となります（開示請求前置主義）。ただし、大阪府条例では、自己情報の開示請求を前提せず、「何人も」請求できるとされています（23条）。つまり、個人情報保護制度に基づき自己情報を取得した場合以外の他の方法を通じて自己情報を取得した場合であっても、訂正請求等を行うことができることになります。

① 訂正請求の手続等

訂正請求は、①訂正請求をする者の氏名及び住所又は居所、②訂正請求に係る保有個人情報の開示を受けた日その他当該保有個人情報を特定するに足りる事項、③訂正請求の趣旨及び理由を行政機関に提出しなければなりません（行政機関個人情報保護法28条1項）。なお、訂正請求は、保有個人情報の開示を受けた日から90日以内にしなければなりません（行政機関個人情報保護法27条3項）。

② 保有個人情報の訂正義務

行政機関は、訂正請求に理由があると認めるときは、保有個人情報の利用目的の達成に必要な範囲内で、保有個人情報の訂正をしなければなりません（行政機関個人情報保護法29条）。あくまで行政機関が保有している利用目的の達成に必要な範囲内について訂正を求めることができるもので、たとえ保有個人情報が事実と異なる場合であっても利用目的の達成に支障がなければ訂正する義務はありません。

行政機関は、訂正請求があった日から30日以内に、必要な調査を行い、訂正請求をした者（訂正請求者）に対して、訂正請求に係る保有個人情報を訂正する旨又は訂正しない旨の決定をしなければなりません（行政機関個人情報保護法３０、３１条）。なお、この決定に関しても、情報公開制度と同様に事案の移送、期間延長及び期限の特例が規定されています（行政機関個人情報保護法32条、33条）。

なお、個人情報の訂正請求に関する判例として、国民健康保険診療報酬明細書、いわゆるレセプトに記録された個人の診療に関する情報について、実際に受けた診療の内容と異なることを理由として京都市個人情報保護条例に基づく個人情報の訂正の請求がされた事案（最判平成18年3月10日集民　第２１９号６７７頁）があります。判決では、①本件レセプトは、保険医療機関が国民健康保険法に基づく療養の給付に関する費用を京都市に請求するために自ら行ったとする診療の内容を記載して作成し、京都府国民健康保険団体連合会に提出したものであること、②同連合会による審査の後に本件レセプトを取得した京都市は、保険医療機関に対する診療報酬の支払の明細に係る歳入歳出の証拠書類としてこれを保管しており、本件訂正の請求がされた当時、実際の診療内容を直接明らかにするためにこれを管理していたものとは認められないこと、③京都市個人情報保護条例は、行政

態　　様	請求内容
①当該保有個人情報を保有する行政機関により適法に取得されたものでないとき、利用の目的の達成に必要な範囲を越えて保有されているとき、又は利用目的以外の目的のために保有個人情報が利用されているとき	保有個人情報の利用の停止又は消去
②行政機関個人情報保護法の規定に違反して保有個人情報が提供されているとき	保有個人情報の提供の停止

図表９—７　保有個人情報の利用停止等の請求内容

機関に対して訂正の請求に関する調査権限を付与する特段の規定を置いておらず、行政機関の対外的な調査権限にはおのずから限界があることなどを理由として、行政機関がした訂正をしない旨の決定が違法であるということはできないと判示しています。

③　自己情報の利用停止等

開示を受けた自己の保有個人情報が、収集の制限又は利用及び提供の制限に違反した取扱いが行われていると考える者は、以下の態様に応じて利用停止等を請求することができます（行政機関個人情報保護法36条）。

ア　利用停止・消去請求の手続

利用停止等を請求しようとする者は、行政機関に対して、①利用停止請求をする者の氏名及び住所又は居所、②利用停止請求に係る保有個人情報の開示を受けた日その他当該保有個人情報を特定するに足りる事項、③利用停止請求の趣旨及び理由を記載した請求書を提出しなければなりません（行政機関個人情報保護法37条1項）。

なお、利用停止請求についても、保有個人情報の開示を受けた日から90日以内にしなければならないとされています（同条3項）。訂正請求と同様に開示請求前置主義がとられているのです。

イ　請求に対する決定

行政機関は、当該利用停止等請求に理由があると認めるときは、当該行政機関における個人情報の適正な取扱いを確保するために必要な限度で、保有個人情報の利用の停止をしなければなりません（行政機関個人情報保護法38条）。ただし、当該保有個人情報の利用停止をすることにより、当該保有個人情報の利用目的に係る事務の性質上、事務の適正な遂行に著しい支障を及ぼすおそれがあると認められるときは、利用停止等を行わないことも可能です。また、保有個人情報の適正な取扱いを確保するために必要な限度において、利用停止等を行うこととされているため、請求者が個人情報の消去を求めた場合であっても、利用の停止により保有個人情報の適正な取扱いを確保することができるときは、消去請求に応じることなく利用の停止にとどめることも可能です。

行政機関は、利用停止等の請求があった日から30日以内に、必要な調査を行い、請求者に対して、利用停止等の請求に係る保有個人情報の利用停止等をする旨又はしない旨を決定しなければなりません（行政機関個人情報保護法39条、40条）。

消去請求が認められた裁判例として、大阪高判平成19年11月30日があります。この判決では、国歌斉唱時に起立しなかったこと及び不起立の理由としての勤務する学校の校長に述べた内容は思想、信条に関する個人情報に該当するものであり、その保有は個人情報保護条例の制限を越えるため、当該情報の消去請求を認容しました。

(7) 不服申立てによる救済

開示請求に係る開示決定等、訂正決定等、利用停止決定等又は開示請求、訂正請求若しくは利用停止請求に係る不作為に係る審査請求に不服がある場合は、行政不服審査法に基づく不服申立てをすることができます。

なお、個人情報保護制度や情報公開制度に関する審査請求については、審理員による審理手続は一般的に各自治体の条例により適用除外とされています（行政不服審査法９条１項）。また、審査庁が裁決を行うに当たっての諮問も各自治体の個人情報保護審査会等に行っています。この点に関して、新個人情報保護法においても、各自治体の諮問機関としては、国の情報公開・個人情報保護審査会ではなく、従来どおり各自治体が設置する個人情報保護審査会等とされています（１０６条2項）。

⑻　行政機関非識別加工情報の提供

行政機関非識別加工情報制度とは、個人情報の適正かつ効果的な活用が新たな産業の創出並びに活力ある経済社会及び豊かな国民生活の実現に資するものであることを踏まえ、行政の事務及び事業の適正かつ円滑な運営並びに個人の権利利益の保護に支障がない範囲内において、行政機関の保有する個人情報を加工して作成する非識別加工情報を事業の用に供しようとする者に提供する仕組みです。

なお、非識別加工情報の提供を受けた者は、非識別加工情報取扱事業者として、行政機関個人情報保護法により規律されるとともに、当該事業者は、非識別加工情報を個人情報保護関法の匿名加工情報として取り扱うこととなるため、併せて、匿名加工情報取扱事業者として個人情報保護法により規律されることとなります。この匿名加工情報とは、特定の個人を識別することができないように加工した情報で、次に説明する非識別加工情報とほぼ同義です。新個人情報保護法では、匿名加工情報という用語に一元化されることになります。

① 非識別加工情報

個人情報を個人情報の区分に応じて定められた措置を講じて特定の個人を識別することができないように加工して得られる個人に関する情報であって、当該個人情報を復元して特定の個人を再識別することができないようにしたものをいいます（行政機関個人情報保護法2条8項）。

加工の方法としては、個人識別符号を含まない個人情報については当該個人情報に含まれる記述等の一部を削除すること、また個人識別符号を含む個人情報については当該個人情報に含まれる個人識別符号の全部を削除することにより行います。

② 行政機関非識別加工情報

行政機関非識別加工情報とは、個人情報ファイルを構成する保有個人情報を加工して得られる非識別加工情報をいいます。

③ 提案の募集、契約の締結

行政機関は、定期的に、当該行政機関が保有している個人情報ファイルについて、行政機関非識別加工情報を利用して行う事業に関する提案を募集します（行政機関個人情報保護法44条の4）。なお①未成年者、②心身の故障により行政機関非識別加工情報をその用に供して行う事業を適正に行うことができない者、③破産手続開始の決定を受けて復権を得ない者等は、この募集に対して提案を行うことができません（欠格事由。行政機関個人情報保護法44条の6）。

行政機関は、募集に対して提案があったときは、①欠格事由に該当しないこと、②希望する本人の数が対象ファイルの本人の数以下であること、③加工基準に適合すること、④事業が新産業の創出等に資すること、⑤事業の用に供しようとする期間が個人保護委員会規則で定める期間を超えないこと、⑥安全管理措置等が適切であること等を審査し（行政機関個人情報保護法44条の7）、基準に適合すると認めたものと行政機関非識別加工情報の利用に関する契約の締結をします（行政機関個人情報保護法44条の9）。なお、行政機関等匿名加工情報の利用に関する契約を締結する者は、手数料を納めなければなりません。手数料の額は、現行制度では、各自治体が任意に条例で定めることができますが、新個人情報保護法では実費を勘案して政令で定める額を標準として条例で定めることとされます（119条3項）。

④　行政機関非識別加工情報の作成等

行政機関は、行政機関の規則で定める基準に従い、当該保有個人情報を加工し、行政機関非識別加工情報を作成します。なお、この基準を定め、又は変更しようとするときは、個人情報保護審議会の意見を聴かなければならないとされています（行政機関個人情報保護法45条の10）。

また、行政機関は、行政機関非識別加工情報を作成したときは、個人情報ファイル簿に①行政機関非識別加工情報の概要として個人情報保護委員会規則で定める事項、②既に作成された行政機関非識別加工情報に関する提案を受ける行政機関の組織の名称及び所在地及びその提案をすることができる期間を記載しなければなりません（行政機関個人情報保護法44条の11）。

おわりに

情報公開制度は、今や民主主義に不可欠の制度となっています。近年、情報公開制度が住民に浸透したことはとても素晴らしいことだと考えます。

かつての行政運営はブラックボックスのように閉ざされていて、その中で様々な不祥事が発生していました。しかし、情報公開制度によって行政運営の隅々まで住民の眼前にさらされるようになり、まさに住民の統制の下に置かれるようになりました。

本来であれば行政機関の自浄能力によって行政運営の適正化を図るべきであるともいえますが、民主主義のもとでは主権者たる住民のチェックも重要な役割を果たします。そして、情報公開制度は、この住民によるチェックのために不可欠な制度なのです。

しかし、近年では、情報公開に関して様々な問題も生じています。その最も大きな問題が濫用的請求です。そうしたこともあり、なおさら、情報公開制度は厄介なもの、鬱陶しいもの、あるいは難しいものと考える自治体職員も増えてきているのではないかと思います。

私は、本書で学ぶことによって情報公開制度への苦手意識を払拭していただきたいと思っています。また、本書を通じて、無理難題をいう請求者に対しても的確に、また毅然とした態度で対応する武器となる知識を皆さんに身につけていただきたいと思っています。

本書の出版に当たっては、第一法規出版編集局編集第二部の梅牧文彦さんと小倉朋子さんに大変お世話になりました。梅牧さんは、私の本書への思いを受け止め、企画そして出版へと結びつけてくださいました。また、小倉さんは、私の初めての著書である『自治体職員のための政策法務入門』以来、多くの原稿をご覧いただきいつも的確なアドバイスをしていただいております。今回も原稿を丁寧にご覧いただき様々な視点からご意見を頂戴しました。お2人の優秀な編集者のおかげで本書を無事に刊行することができましたことを心からお礼申し上げたいと思います。

真の意味で住民自治が進展するためには、自治体職員が情報公開制度を理解することが不可欠といえます。本書が、その一助となることを願ってやみません。

2016年1月

著　者

改訂版　おわりに

初版における私の肩書は「四日市市総務部次長兼総務課長」でした。まさに自治体において情報公開制度及び個人情報保護制度を所管する課の課長を務めていました。その後、研究者に転身をいたしましたが、研究の基礎は実務家としての経験にあります。本書においても、実務を経験した者の視点から、実務家である自治体職員の皆さんに分かりやすく、また実務上必要な点を記述するかという点に腐心いたしました。

また、自治体職員にとって、重要なのが情報公開制度の適正運用とともに、近年増加している濫用的請求への対応です。さらに個人情報保護制度に関しては、条例に基づき運用してきたものが、今後、法律に基づき行わなければならないとされています。自治体職員にとって、大きな変化への対応が求められます。改訂版では、このような実務家にとって必要な情報という視点から、記述を行っています。これは、実務を経験した私ならではの視点であると自負をしており、今後も、実務家の視点を踏まえて研究、執筆を重ねてまいりたいと考えています。

なお、改訂版を上梓させていただくに当たっては、初版からお世話になっている第一法規株式会社出版編集局編集第二部　梅牧文彦さんに加え、今回から櫻庭百絵子さんにも丁寧に原稿をご覧いただき、校正も行っていただきました。お二人に心からお礼を申し上げます。

最後に私事にわたり恐縮ですが、休日等でさえ書斎にこもって研究、執筆活動を行っている私を支えてくれている家族に感謝の言葉を伝えたい。

四日市市の自宅　書斎にて

２０２１年11月

松村　享（まつむら　すすむ）
名古屋学院大学法学部教授
日本公法学会会員、日本地方自治学会会員

同志社大学法学部法律学科卒業、三重県四日市市役所入庁。総務部総務課長、総務部次長、総務部理事、会計管理者を経て2018年３月四日市市役所を早期退職し、同年４月から名古屋学院大学法学部教授として行政法、地方自治法等を担当。

著書に「自治体職員のための判例の読み方・活かし方」（第一法規、2021年）、「基礎から学ぶ　入門地方自治法」（ぎょうせい、2018年）、「自治体職員のための図解でわかる外部委託・民営化事務ハンドブック」（第一法規、2017年）、「憲法の視点からみる条例立案の教科書」（第一法規、2017年）などがある。その他に論稿多数。

　そのほか、市町村アカデミー、全国市町村国際文化研修所、消防大学校等で、自治体契約制度、条例立案論、外部委託制度、情報公開制度等の自治体職員向け講座の講師を務めている。

サービス・インフォメーション

通話無料

①商品に関するご照会・お申込みのご依頼
TEL 0120(203)694／FAX 0120(302)640

②ご住所・ご名義等各種変更のご連絡
TEL 0120(203)696／FAX 0120(202)974

③請求・お支払いに関するご照会・ご要望
TEL 0120(203)695／FAX 0120(202)973

●フリーダイヤル(TEL)の受付時間は、土・日・祝日を除く9:00〜17:30です。

●FAXは24時間受け付けておりますので、あわせてご利用ください。

自治体職員のための情報公開事務ハンドブック 改訂版

2016年3月15日 初版発行
2018年8月30日 初版第2刷発行
2021年12月30日 改訂版第1刷発行

著 者 松 村 享

発行者 田 中 英 弥

発行所 第一法規株式会社
〒107-8560 東京都港区南青山2-11-17
ホームページ https://www.daiichihoki.co.jp/

自治体情報公開改 ISBN978-4-474-07786-7 C0032 (7)